Scheible · Literarischer Jugendstil in Wien

Artemis Einführungen

Band 12

Literarischer Jugendstil in Wien

Eine Einführung
von Hartmut Scheible

ARTEMIS VERLAG
MÜNCHEN UND ZÜRICH

CIP-Kurztitelaufnahme der Deutschen Bibliothek

Scheible, Hartmut:
Literarischer Jugendstil in Wien :
e. Einf. / von Hartmut Scheible.
München ; Zürich : Artemis-Verlag, 1984.
(Artemis-Einführungen ; Bd. 12)
ISBN 3-7608-1312-7

NE: GT

Gesamtherstellung: Pustet, Regensburg
Printed in Germany

INHALT

I

Kunsttheoretische Vorbemerkungen

Das Problem der Anschauung – Zwischen Emanzipation und Vereinzelung – Besonderes und Allgemeines bei Kant, Hegel und Georg Simmel

Hegel erhebt in seiner Ästhetik die – nicht auf die Malerei begrenzte – Forderung, zu jedem Kunstwerk gehöre, daß es zur Anschauung bringe, »was überhaupt am Menschen, am menschlichen Geist und Charakter, was der *Mensch* und was *dieser* Mensch« sei. Im bürgerlichen Zeitalter sind nach seiner Auffassung die niederländischen Maler dieser Forderung vollkommen gerecht geworden. »In ihren Kunstwerken kann man menschliche Natur und Menschen studieren und kennenlernen.« »Heutigentags« dagegen müsse »man sich nur allzuoft Porträts und historische Gemälde vor Augen bringen lassen, denen man aller Ähnlichkeit mit Menschen und wirklichen Individuen zum Trotz doch auf den ersten Blick schon ansieht, daß der Künstler weder weiß, was der Mensch und menschliche Farbe, noch was die Formen sind, in denen der Mensch, *daß* er Mensch sei, ausdrückt.« Die Erkenntnisfunktion, die Hegel der Kunst zuschreibt, hängt also nicht in erster Linie von vordergründiger »Ähnlichkeit« ab. Keinesfalls ist Anschaulichkeit mit Ähnlichkeit zu verwechseln: selbst Bilder, auf denen »wirkliche Individuen« auf den ersten Blick zu identifizieren sind, können nicht als anschaulich gelten, wenn der Künstler – in Hegels Terminologie – keinen »Begriff« vom Menschen hatte, wenn also nicht deutlich wird, wie »der *Mensch*« (als Gattungswesen) und »*dieser* Mensch« (als konkretes Individuum) sich zueinander verhalten. Anschaulich ist dagegen ein Kunstwerk, wenn es erkennen läßt, welche Möglichkeiten der Gattung zu einem bestimmten historischen Augenblick in einem Individuum verwirklicht sind. Die der Kunst eigentümliche Erkenntnisleistung vollzieht sich wesentlich in der Anschauung, weil in ihr das Besondere festgehalten und zugleich in seiner Beziehung zum Allgemeinen gezeigt wird.

Zweifellos ist mit diesem Begriff der Anschauung die Funktion ebenso wie die Problematik der Kunst in der bürgerlichen Epoche zu umreißen. Denn die Entfaltung des Bürgertums vollzieht sich als der Aufstieg *einzelner* Individuen, die ihr persönliches Interesse verfolgen; die Harmonie des Ganzen stellt sich zunächst unanschaulich, abstrakt, durch die Institution des Marktes her; das allgemeine Interesse ist ein Kompromiß, zu dem die wirtschaftenden Subjekte sich nicht aus Neigung, sondern aus Gründen des wohlverstandenen eigenen Interesses, letzten Endes der Selbsterhaltung verstehen. Von Anfang an also erscheint die allgemeine Instanz, mit der die höchst realen Interessen der einzelnen Menschen vermittelt werden sollen, als eigentümlich blaß, unwirklich, daher zusätzlicher Bestimmung und Legitimation bedürftig; das Allgemeine ist, mit anderen Worten, für ideologische Momente nicht nur offen, sondern geradezu auf sie angewiesen. Die Ideologie des liberalistischen Prinzips besteht mithin nicht schon in der Abstraktheit der ihm zugrundeliegenden Konstruktion, sondern in der Behauptung, der formale Ausgleich erfülle sich stets auch inhaltlich, als Gerechtigkeit und Vernünftigkeit des Ganzen; er sei keineswegs bloßer Schein, sondern frei von Abstraktion und Gewalt.

In der bürgerlichen Gesellschaft ist die Kunst die einzige Institution, in der die Fragwürdigkeit des »Ganzen« immer wieder zum Thema gemacht wird. Das Verblassen des religiösen Bezugssystems, des christlichen ordo, läßt darüber hinaus die Frage unabweisbar werden, ob die Menschen im Zuge der Aufklärung, durch ihre Emanzipation von vorgeordneten Normen, zugleich auch ihre Vereinzelung betreiben. In der »Kritik der Urteilskraft« wird diese Problematik zum erstenmal systematisch mit der Kunst in Zusammenhang gebracht. Die Hoffnung, der damit Raum gegeben wird: daß durch die Kunst gesellschaftlich, geschichtlich oder anthropologisch bedingte Schäden geheilt werden können, prägt die Ästhetik von Schiller und Schelling bis zu Schopenhauer und Nietzsche; sie überschlägt sich im Ästhetizismus und Jugendstil. – Wenn Kant fordert, daß das Geschmacksurteil allein der subjektivsten aller Empfindungen, dem Gefühl der Lust und Unlust, zu folgen habe, so befindet er sich insofern in Übereinstimmung mit dem gesellschaftlichen Organisationsprinzip, als dieses keine Beschränkung anerkennt, der das seine Interessen verfolgende Subjekt sich zu unterwerfen hätte. Zugleich aber kritisiert Kant dieses Prinzip, indem er darauf beharrt, daß das subjektive Geschmacksurteil immer auch auf allgemeine Gültigkeit und Zustimmung hin angelegt sei; diese Allgemeinheit lasse sich jedoch weder zwangsweise durchsetzen noch mit der Unabweisbarkeit eines logischen Schlusses demonstrieren. Indem Kant dergestalt das Geschmacksurteil an die »Idee eines gemeinschaftlichen Sinnes« bindet, hält er am Gedanken einer zwangfreien, das Individuum nicht einschränkenden Gesellschaft fest. Problematisch hierbei ist, daß die inhaltliche Bestimmung des Gemeinsinns vorerst nicht gegeben werden kann: er bleibt eine bloße Idee, deren Wahrheitsgehalt lediglich aus dem Anspruch des Geschmacksurteils auf allgemeine Gültigkeit abgeleitet wird. Er erhält dadurch den Status eines – erst zu verwirklichenden – Postulats. In Kants Lehre vom Geschmacksurteil hat der Anspruch des bürgerlichen Subjekts, individuelle Emanzipation mit der Herstellung einer vernünftigen Allgemeinheit zu verbinden, seine reinste Ausprägung gefunden.

Eben dieser Anspruch aber wird durch die Entwicklung der bürgerlichen Gesellschaft nicht erfüllt; in der Kunst ist er am ehesten eingelöst durch die niederländische Malerei, der Hegel aus diesem Grunde besonderen Rang zuschreibt. »Anschaulich« in dem Sinne, daß Individuum und Gesellschaft ohne Gewaltsamkeit aufeinander verweisen, ist die holländische Malerei, weil der Gemeinsinn, der dieses glückliche Verhältnis begründet, hier nicht nur eine Idee, sondern genau angebbar ist. Hegel nennt den Protestantismus, der die Holländer vereinigt und sie in den Stand setzt, »die spanische Kirchen- und Königsdespotie« zu überwinden. Als Grund für den vitalen Realismus der Darstellung, der durch seine Selbstverständlichkeit jede weitere theoretische Rechtfertigung als überflüssig erscheinen ließe, wird die einigende Wirkung des Kampfes um ein der See abgerungenes Land angegeben: »Die Befriedigung an der Gegenwart des Lebens, auch im Gewöhnlichsten und Kleinsten, fließt bei ihnen daraus her, daß sie sich, was anderen Völkern die Natur unmittelbarer bietet, durch schwere Kämpfe und sauren Fleiß erarbeiten müssen, und bei beschränktem Lokal in der Sorge und der Werthschätzung des Geringfügigsten groß geworden sind.« Die dissoziierenden Tendenzen der bürgerlichen Gesellschaft treten so lange nicht an die Oberfläche, als die Behauptung gegen eine noch übermächtige Natur es den Menschen ermöglicht, ihre Anstrengungen im Horizont einer als sinnvoll erkannten gemeinsamen Aufgabe zu verstehen. Aus diesem Grunde wird in bemerkenswerter Übereinstimmung mit der Lehre Hegels, der erfüllte Augenblick in den letzten Szenen des »Faust« mit der gemeinschaftlichen Landgewinnung aus dem Meer in Zusammenhang gebracht. Das leise Gefühl der Enttäuschung über diese Entwicklung, das an dieser Stelle schwerlich ganz verleugnet werden kann, ist teilweise gewiß darauf zurückzuführen, daß am Schluß des gewaltigen Welttheaters wohl *jede* konkrete Gestaltung der Utopie unbefriedigend hätte wirken müssen; vor allem aber dürfte es mit der Tatsache zusammenhängen, daß Goethe sich hier – anders als im »Wilhelm Meister«, wo bereits das aufkommende »Maschinenwesen« den Horizont verdüstert – an einer Form gesellschaftlicher Arbeit orientiert, die keine Zukunft mehr hat. Auf die Fragen, die die industrielle Produktionsweise und die mit ihr sich durchsetzende Arbeitsteilung aufwerfen, ist weder im »Faust« noch in der Hegelschen Ästhetik auch nur der Ansatz zu einer Antwort sichtbar. Das Problem des Umschlagens von Emanzipation in Vereinzelung war für Kant, Goethe und Hegel bereits erfaßbar; dagegen war für sie nicht mehr abzusehen der Widerspruch zwischen der durch den Industrialismus bewirkten Entfesselung der Produktivkräfte und ihrer gleichzeitigen Gebundenheit durch beharrende gesellschaftliche Strukturen. In der Lebensphilosophie und im Jugendstil findet dieser Antagonismus seine Gestaltung. Die Gleichzeitigkeit von Verneinung des Willens zum Leben und Verherrlichung des élan vital, von Aufbruchsstimmung und Dekadenz, von Jugendkult und Endzeitstimmung ist Ausdruck der tiefgreifenden Verstörung darüber, daß Dynamik und Stagnation einander nicht ausschließen und daß Bewegung nicht unbedingt, wie das wissenschaftsgläubige Jahrhundert als selbstverständlich annahm, sich in der Bahn des Fortschritts vollzieht.

Eine Äußerung Georg Simmels in seiner im Jahre 1900 erschienenen »Philosophie des Geldes« zeigt, daß um die Jahrhundertwende diese Widersprüche mit aller Deutlichkeit ins Bewußtsein gedrungen sind: »Das Individuum begehrt, ein geschlossenes Ganzes zu sein, eine Gestaltung mit eigenem Zentrum, von dem aus alle Elemente seines Seins und Tuns einen einheitlichen, aufeinander bezüglichen Sinn erhalten. Soll dagegen das überindividuelle Ganze in sich abgerundet sein (...) – so kann es jene Abrundung seiner Glieder nicht zulassen (...). Die Totalität des Ganzen (...) steht in einem ewigen Kampfe gegen die Totalität des Individuums.« Dieser Gedanke einer Versöhnung von Individuum und Gesellschaft muß nach Simmels Überzeugung preisgegeben werden. Ganzheits- und Harmonievorstellungen werden aus der Gesellschaft abgezogen und bleiben allein dem ästhetischen Bereich vorbehalten. Es ist, so betont Simmel, »der ganze

Sinn der Kunst, aus einem zufälligen Bruchstück der Wirklichkeit (...) eine in sich ruhende Totalität (...) zu gestalten. Der typische Konflikt zwischen dem Individuum und dem überindividuellen Sein ist darstellbar als das unvereinbare Streben beider, zu einem ästhetisch befriedigenden Bilde zu werden.«

In diesen Sätzen kehrt die Grundposition bürgerlicher Ästhetik wieder: »Schönheit« konstituiert sich nicht allein durch subjektive Wertschätzung, sondern erst in Beziehung auf ein übergeordnetes Ganzes. Deutlich wirkt hier, wenn auch in klassizistischer Erstarrung, die Kantische Bestimmung des Geschmacksurteils nach als die Instanz, in der subjektive Lust und lebendiger Gemeinsinn zusammentreten. Die Einschätzung des Verhältnisses von Individuum und Gesellschaft hat sich allerdings entscheidend verändert. Deren Gegensatz wird nunmehr als unaufhebbar, als ein »ewiger Kampf« gedacht, den das Individuum nicht hoffen darf in seinem Sinne zu wenden. Verändert ist daher auch die Funktion der Kunst: nicht länger steht sie für den Anspruch des Subjekts, zu einer sinnvollen und zwangfreien Vermittlung mit dem »überindividuellen Sein« zu gelangen. Wie das Subjekt, so ist auch die Kunst in die Defensive geraten; das ästhetische Bild soll nur noch Schein einer Versöhnung sein, deren reales Zustandekommen nicht mehr erhofft, ja nicht einmal mehr gefordert wird. Die Differenz zur klassischen Ästhetik ist also gerade dort am tiefsten, wo beide Positionen sich zu berühren scheinen: hatte Hegel an der niederländischen Malerei gerühmt, daß sie noch den alltäglichsten Gegenstand in seiner Zufälligkeit ins Kunstwerk integrieren könne – »In dieser unbekümmerten Ausgelassenheit selber liegt hier das ideale Moment: es ist der Sonntag des Lebens, der alles gleichmacht, und alle Schlechtigkeit entfernt« –, so scheint dem bei Simmel zu entsprechen, daß aus jedem »zufälligen Bruchstück der Wirklichkeit« die ästhetische Versöhnung entstehen könne. Aber die äußere Übereinstimmung trügt. Für Hegel kann der zufällige Gegenstand zum »Ideal« und damit seiner Zufälligkeit enthoben werden, weil in einer Welt, in der Besonderes und Allgemeines aufeinander bezogen sind, auch die gewöhnlichen Dinge an diesem Sinnzusammenhang teilhaben. Bei Simmel dagegen kann jedes zufällige Bruchstück der Wirklichkeit nur deshalb zum ästhetischen Bild werden, weil eine sinnvolle Vermittlung von Individuum und Gesellschaft ohnehin nicht mehr denkbar ist, so daß gleichgültig wird, was das ästhetische Bild zum Gegenstand hat. Der vage, ausschließlich subjektbezogene Begriff der »Stimmung« tritt an die Stelle der Vermittlung zwischen Subjekt und Objekt. Während im Geschmacksurteil, wie es von Kant analysiert wurde, durch die Beziehung des subjektiven Lustgefühls auf einen noch unbestimmten sensus communis sich die Möglichkeit andeutete, daß die gegenseitige Verhärtung von Ich und Außenwelt in einem vernünftigen geschichtlichen Prozeß aufgelöst werden könne, stellt nun, nach der Preisgabe eines vernünftigen Begriffs von Geschichte, das ästhetische Erlebnis sich unabhängig von der Außenwelt, je nach der zufälligen Stimmung des Subjekts ein. »Unsern Zusammenhang mit den andern Wesen spür ich oft und werd ihn in guten Stunden oder in Gedichten schon ordentlich subiectiv sagen können«, schreibt Hofmannsthal im Juli 1894 an Leopold von Andrian; »es ist doch ein unerschöpfliches Wunder, daß ich zum Beispiel neulich abends in Mödling deshalb in einem größeren und tieferen Dasein herumging, weil ich eine Stunde früher Deine Art als sehr groß und merkwürdig empfunden hatte.« Wenn die Kunst nur noch im Festhalten subjektiver Stimmungen besteht, dann wird nicht nur jeder gewählte Gegenstand zufällig, es verliert schließlich auch der Begriff des Zufalls seinen Sinn; wenn alles zufällig ist, kann zwischen Zufall und Notwendigkeit, Freiheit und Gebundenheit nicht mehr unterschieden werden.

Die Grundfarbe einer solcherart nur noch subjektbezogenen Kunst ist Grau; der Kult der differenziertesten farblichen Nuance ist der Versuch, darüber hinwegzutäuschen. Nicht immer ist eindeutig zu entscheiden, welche Differenzierungen einem geschärften Wahrnehmungsvermögen zu verdanken und welche nur Bluff sind. Bei Leopold von Andrian ist einmal von einer Landschaft die Rede, die nur zwei Farben kennt, »das Gras welches fast gelb und die Bäume welche fast schwarz waren; aber ihr zartester Reiz lag darin, daß weder die Ebene gelb noch die Bäume schwarz waren, nur aus ihrem Verhältnis ahnte man ihre Farben«. Hier muß eine geschichtliche Entwicklung stattgefunden haben, an deren Ende die Gegenwart von den Künstlern kaum noch als Wirklichkeit erfahren wird.

II

Geschichtlicher Rückblick

Die Ringstraße – Rathaus und Kaiserforum – Das musterhafte Proletariat – Liberalismus, Kleinbürgertum, Lueger – Antikapitalismus und Antisemitismus – Die Zähmung der Vorstädte – Am Sterbelager des Jahrhunderts

Fünf Jahre hatte in Wien die traumatische Erstarrung nach dem Schock von 1848 gedauert, als revolutionäre Volksmassen bis in unmittelbare Nähe der Hofburg vorgedrungen waren. Als habe es, um sie zu lösen, eines weiteren Schocks bedurft, wird der noch durch Fürst Windischgrätz über Wien verhängte Ausnahmezustand erst aufgehoben, nachdem am 18. Februar 1853 auf der Kärntnertor-Bastei Kaiser Franz Joseph einem Attentat nur knapp entronnen war. Die Votivkirche, deren Grundstein drei Jahre später gelegt wird, bringt nicht nur des Kaisers Dankbarkeit für den Beistand Gottes zum Ausdruck, sondern auch, durch ihren Standort, seine tiefverwurzelte Überzeugung, daß man die göttliche Hilfe nur möglichst sparsam, wenn alle handfesteren Mittel versagen, in Anspruch nehmen sollte: an den äußersten Rand des Glacis gerückt, vermeidet sie auf fast beflissene Weise auch den leisesten Anschein, als wolle sie den irdischen Heerscharen, die in Krisenzeiten aus der Rossauer Kaserne zum Schutz der Hofburg ausrücken werden, sich in den Weg stellen.

Denselben Geist verrät auch das am 25. Dezember 1857 veröffentlichte Allerhöchste Handschreiben an den Innenminister Freiherrn von Bach, durch das zum Zweck der »Erweiterung der inneren Stadt Wien mit Rücksicht auf eine entsprechende Verbindung derselben mit den Vorstädten (...) die Auflassung der Umwallung und Fortifikationen der inneren Stadt, so wie der Gräben um dieselbe« angeordnet wird. Daß hierbei nicht nur »auf die Regulirung und Verschönerung Meiner Residenz- und Reichshauptstadt«, sondern auch auf die Möglichkeit zügiger militärischer Operationen zu achten sei, läßt die Bezeichnung der von der künftigen Bebauung auszunehmenden Stellen unmißverständlich erkennen: »Von der befestigten Kaserne am Donaukanale an bis zum großen Exerzirplatz hat in gerader Linie ein Raum von Einhundert (100) Wiener Klafter Breite frei und unbebaut belassen zu werden.« Der riesige Exerzier- und Paradeplatz selbst, ein sumpfiges, als »Mistgstätten« geschmähtes Areal zwischen den neuen Nobelbauten, bleibt noch für ein Jahrzehnt dem Zugriff des bau- und repräsentationsfreudigen Bürgertums entzogen. Er gewährleistet, daß jeder von den Vorstädten aus erfolgende Angriff auf die Hofburg von der Flanke her unter Feuer genommen und zerschlagen werden kann.

Daß die militärische Führung auch später allen Versuchen, das Gelände aus ärarischem in kommunalen Besitz übergehen zu lassen, zähen Widerstand entgegensetzt, ist wohl vor allem darauf zurückzuführen, daß sie die politischen Veränderungen seit der Revolution von 1848 nicht zur Kenntnis genommen hat. Es kommt den Militärs offenbar nicht in den Sinn, zu unterscheiden zwischen der kleinbürgerlichen, zunehmend auch proletarischen Bevölkerung der Vorstädte – hier entsteht in der Tat ein revolutionäres Potential – und einem Bürgertum, das, nach anfänglichem Zögern, Gefallen daran findet, in aufwendigen Bauten seinem in den wirtschaftlich erfolgreichen Jahren des »Neoabsolutismus« (1849–1859) gewonnenen Selbstgefühl Ausdruck zu verschaffen. Das Verhalten des Kaisers dagegen verrät politisches Gespür. Er ist zwar durch die schweren Niederlagen von Solferino und Königgrätz, die den Verlust der Lombardei und Venetiens, vor allem aber das Ausscheiden Österreichs aus dem Deutschen Bund und damit die Bestätigung Preußens als mitteleuropäische Hegemonialmacht zur Folge hatten, in seinem ausgeprägten dynastischen Selbstgefühl empfindlich beeinträchtigt, aber er scheint eine Wiederholung der Ereignisse von 1848 nicht zu befürchten. Für ihn ist das Bürgertum, sofern es durch den Liberalismus zu einigem Wohlstand gekommen ist, keine revolutionäre Klasse mehr: warum also sollte man ihm verwehren, als Symbol seiner gewachsenen wirtschaftlichen Macht das neue Rathaus gegenüber der Hofburg zu plazieren; noch zuverlässiger als das Militär, so schätzt der Kaiser die Lage mittlerweile wohl ein, werde das Bürgertum selbst die bestehende Ordnung gegen einen Ansturm aus den Vorstädten verteidigen. Daher stimmt er nicht nur im August 1868 dem Verkauf des Areals an die Kommune zu, sondern läßt sich, zwei Jahre später, sogar auf eine Art Komplott mit dem Bürgermeister Cajetan Felder ein. Dessen sehnlichster Wunsch ist, das neue Rathausgebäude auf dem ehemaligen Paradeplatz errichten zu lassen, den die Mehrheit der Abgeordneten für private Bauten verwendet wissen will. Einem Antrag Felders, das Rathaus auf dem von ihm favorisierten Platz zu bauen, stimmt der Gemeinderat nur zu, weil er der Ablehnung durch den Kaiser meint sicher sein zu können. Dieser jedoch genehmigt den Antrag unverzüglich. Dadurch wird, wenn man so will, der Kaiser für einen Augenblick zur Avantgarde einer neuen Klasse, die noch nicht zum Bewußtsein ihrer selbst gekommen ist. Seiner Entscheidung liegt die historisch zutreffende Einschätzung zugrunde, daß das besitzende Bürgertum mit den Bewohnern der Vorstädte nichts mehr verbindet. Durch das neue Rathaus wird nicht etwa einem einheitlichen bürgerlichen Klassenbewußtsein zum Ausdruck verholfen, vielmehr wird der Zerfall der ehemals revolutionären Bewegung nun auch architektonisch dokumentiert. Der neue Prachtbau ist als Bollwerk gegen die Vorstädte gedacht, nicht als der Ort, durch den die gesamte Bevölkerung der Hauptstadt repräsentiert sein solle.

Dagegen bleibt – derselben historischen Logik folgend – das von Gottfried Semper konzipierte »Kaiserforum« ein Torso. Semper hatte geplant, wohl als Gegengewicht zu der der Hofburg gegenüberliegenden Trias von Parlament, Rathaus und Universität, die Ringstraße einem gewaltigen, durch das neue Burgtheatergebäude und die »Neue Hofburg« vergrößerten Burgkomplex zu integrieren. Die Burganlage sollte über die Ringstraße hinausgreifen, die Schlagader der bürgerlichen Welt in den imperialen Organismus einbeziehen. Eine solche, um den Kaiser zentrierte, architektonische Einheit zu tragen, erweist der dynastische Gedanke sich nicht mehr als kräftig genug. Die jenseits der Prachtstraße liegenden Gebäude der beiden Hofmuseen, als Teil dieses auch die bürgerliche Welt sich unterordnenden »Forums« gedacht, bleiben durch die Ringstraße nicht allein vom Zentrum der politischen Macht abgetrennt; sie bilden darüber hinaus einen dem aktuellen Kräftespiel entrückten Bereich, dessen deutlich historischer Akzent durch das – in Sempers Plan nicht vorgesehene – Denkmal Maria Theresias zusätzlich verstärkt wird. Im Ergebnis also bilden Gegenwart und Vergangenheit der Dynastie nicht, wie geplant, eine Einheit, im Vergleich mit der die bürgerliche Welt untergeordnet und ephemer erscheint; eher scheint die Hofburg, besonders durch ihren während der Ringstraßenzeit begonnenen, Parlament und Rathaus gegenüberliegenden

Flügel, sich auszurichten nach den Symbolen bürgerlicher Macht. Diese Konstellation mag dazu beigetragen haben, daß der Kaiser den Erweiterungsbau nur lustlos betrieb; vollendet wurde er erst im Jahre 1913.

Kaum aber kann das liberale Bürgertum in seinem neuen Reichtum sich einigermaßen gesichert fühlen, so sieht es sich von zwei Seiten zugleich gefährdet: von der Arbeiterschaft und dem Kleinbürgertum. 1888/89 einigt auf dem Hainfelder Parteitag Victor Adler die zerstrittene Sozialdemokratie; 1890 fallen in Deutschland die Sozialistengesetze. Vor dem ersten Aufmarsch der Arbeiter im Prater am 1. Mai 1890 wird das bürgerliche Lager von Untergangsstimmung befallen; als die Demonstrationen ohne Zwischenfall verlaufen, geht ein hörbarer Seufzer der Erleichterung durch Wien – »Die Arbeiterschaft hat sich musterhaft benommen«, lobt die Neue Freie Presse. »Wer (...) in Wien den großen Tag der Arbeiter miterlebt hat, der muß von ehrlicher Hochachtung erfüllt sein vor (...) der Disciplin, mit welcher sie ihren selbstgewählten Führern und Ordnern gehorchten, vor der Mäßigung und Besonnenheit, mit der sie nicht blos Zusammenstöße mit den Organen der öffentlichen Sicherheit, sondern auch die geringste Beleidigung oder Verletzung von Personen aus anderen Gesellschaftsclassen zu vermeiden wußten. Die langen Colonnen wohlgekleideter Männer und Frauen, die mit keinem anderen Abzeichen als einem grünen Zweig auf dem Hute heute Abends ruhigen Schrittes aus dem Prater über die Ringstraße zogen, machten nicht den Eindruck von Arbeiter-Bataillonen, die zum Sturm auf die bestehende Gesellschaftsordnung anrücken.« Der noch nicht sechzehnjährige Hofmannsthal, der, wie ein exakt datiertes Gedicht – »Wien 1. Mai 1890, Prater gegen 5 Uhr nachmitt.« – belegt, sich gleichfalls direkt in die Höhle des Löwen begeben hatte, sieht die Sache anders:

Tobt der Pöbel in den Gassen, ei, mein Kind, so lass ihn schrei'n.
Denn sein Lieben und sein Hassen ist verächtlich und gemein!
Während sie uns Zeit noch lassen, wollen wir uns Schönerm weih'n.
Will die kalte Angst dich fassen, spül sie fort in heissem Wein!
Lass den Pöbel in den Gassen: Phrasen, Taumel, Lügen, Schein,
Sie verschwinden, sie verblassen – Schöne Wahrheit lebt allein.

Wo das liberale Blatt nur Ordnung und Disziplin wahrnimmt, gewahrt der junge Poet Chaos und Revolution. Auf das innere Auge kommt es eben an. Wenn, wie schon früh bemerkt wurde, der Jugendstil ein »künstlicher«, bewußt inszenierter, nicht naturwüchsig entstandener Stil ist, so läßt die Vision des jungen Hofmannsthal erkennen, welches Potential von Angst an seiner Entstehung beteiligt ist. Die Kunst soll nicht nur den Blick von der Realität ablenken, sie soll darüber hinaus sich an deren Stelle setzen. Die Wirklichkeit soll durch sie zum Schein werden, der ästhetische Schein zum Allerwirklichsten. Das halbe Bewußtsein der Vergeblichkeit dieser (wie Hofmannsthal später schreiben wird) »dämonischen« Aufgabe mag ebenfalls zu der Ambivalenz dieses Stils – schwankend zwischen Aufbruchsstimmung und Todesverfallenheit –, aber auch zu den disziplinierenden Momenten beigetragen haben, die insbesondere bei Hofmannsthal festzustellen sind.

Das Jahrzehnt des entstehenden Jugendstils ist von Angst unterlegt; erst kurz vor dem Ende des Jahrhunderts, als die aus der Industrialisierung folgenden gesellschaftlichen Umschichtungen zu einem gewissen Abschluß gekommen sind und eine jahrzehntelange unregelmäßige Folge von wirtschaftlichen Depressionen und

Aufschwüngen in eine stabile Konjunktur (seit 1895) eingemündet ist, stellt sich eine gewisse Beruhigung ein. Im Mai 1898, vier Jahrzehnte nach der Demolierung der Wallanlagen, berichtet Kaiser Franz Joseph in einem Brief an Kaiserin Elisabeth von der feierlichen Eröffnung der Wiener Stadtbahn, die die neue, erweiterte, zur industriellen Metropole gewordene Stadt umschließt: »Am Bahnhofe in Michelbeuern wurde ich von den Erzherzogen, den Ministern und einer Menge hohen Herren nebst zahlreichem Publikum empfangen, der Cardinal Gruscha nahm die Einweihung vor, dann hielten der Landmarschall Baron Gudenus und der Bürgermeister Lueger Ansprachen, worauf die Eisenbahnfahrt begann, die zuerst auf der Gürtellinie bis zum großen und schönen Bahnhof Heiligenstadt (...) ging (...). Dann wurde die Fahrt nach Hütteldorf fortgesetzt, worauf wir in der Wienthallinie über Hietzing, Schönbrunn, Meidling und anschließend auf der Gürtellinie zur Station Alserstraße fuhren, wo die Rundfahrt ihr Ende nahm (...). Die ganze Bahn ist sehr schön gebaut mit schönen Brücken und éléganten und praktischen Bahngebäuden. Längst der ganzen Strecke, die meistens durch Arbeitervierteln führt, waren die Häuser geschmückt und beflaggt und Tausende standen in den Straßen, den Gärten, an den Fenstern und auf den freien Plätzen, rufend und Tücher schwenkend. Es war eine schöne Ovation der untersten Klassen.« Aus dem Brief spricht ehrliche Anerkennung für die Leistung Otto Wagners, der, 1894 zum alleinigen Architekten der Wiener Stadtbahn ernannt, diese zu einem Kunst und Leben vereinigenden Jugendstil-Gesamtkunstwerk gemacht hatte; vor allem aber ein tiefes Gefühl der Erleichterung. Der Name, auf den es, nicht nur bei dieser Gelegenheit, ankommt, ist Dr. Karl Lueger. Daß der Mann, der mehrfach zum Bürgermeister von Wien gewählt wurde, bis der Kaiser sich schließlich bereitfand, ihn zu ernennen, nicht nur seinen Platz in der Reihe der Würdenträger gefunden, sondern daß er vor allem auch die Angehörigen der »untersten Klassen« dazu gebracht hat, den Weg des Kaisers freundlich winkend zu säumen, anstatt, wie wohl ursprünglich befürchtet, sich ihm in den Weg zu stellen – diese Erfahrung ist es, die den Monarchen mit Erleichterung und Genugtuung erfüllt.

Denn Lueger, der als Liberaler seine politische Karriere begonnen hatte, war schon früh dazu übergegangen, sich als Vertreter der Bevölkerungsschichten darzustellen, die am schwersten durch ihr Vertrauen in die liberalistische Ideologie geschädigt waren. Die vor dem Börsenkrach von 1873 grassierende »Bedenkenlosigkeit des breiten Publikums, das den Börsenkomptoirs vertrauensvoll sein Geld zur Verfügung stellte« (Matis), war schwerlich allein auf die meist ganzseitigen Inserate (nicht nur in liberalen, sondern auch in konservativen und katholischen Blättern) zurückzuführen, mit denen betrügerische Spekulanten wie Johann Bernhard Placht für die Gründung immer neuer, oft nur auf dem Papier existierender Aktiengesellschaften warben. Eigentlich verursacht wurde diese »Bedenkenlosigkeit« der nicht besitzenden, aber dennoch sich als »bürgerlich« einschätzenden Kreise durch das Zerrbild des dem Liberalismus zugrundeliegenden und noch immer wirksamen Vertrauens, daß es für jedermann gleichermaßen möglich sei, aus eigener Kraft sein Glück zu machen. Das Spekulationsfieber, das auch die kleinbürgerliche Bevölkerung erfaßt hatte, ist der panikartige Versuch, durch dasselbe System, durch das man hoffnungslos ins Hintertreffen geraten war, doch noch eine Wendung des wirtschaftlichen Schicksals zu erzwingen. Daß Lueger sich zum Anwalt des geprellten Kleinbürgertums macht, läßt ihn in den Augen des Besitzbürgertums zunächst zur Bedrohung werden, zumal die pseudoradikale Agitation der frühen kleinbürgerlichen Parteibildungen noch längere Zeit die christlichsoziale Partei Luegers dem Verdacht aussetzt, revolutionäre Ziele zu verfolgen.

Tatsächlich jedoch hatte Lueger von Anfang an darauf

hingearbeitet, die antikapitalistischen Impulse, die die christlichsoziale Bewegung für das Kleinbürgertum attraktiv machten, in antisemitische Propaganda zu verfälschen. Eine zeitgenössische Schilderung von Luegers ersten Kontakten mit der christlichsozialen Bewegung läßt erkennen, daß das liberale Bürgertum trotz aller antiliberalen Propaganda von ihm nichts zu befürchten hatte. In einer Schrift von Franz Stauracz, die zu Ehren Luegers im Jahre 1907 erschien, wird berichtet, der »Christlichsoziale Verein«, 1887 von Psenner als Sammelpunkt aller Antiliberalen gegründet, habe Lueger sofort zu einem Referat eingeladen. »Dr. Lueger zögerte anfangs und antwortete, daß er sich die Sache erst überlegen müsse. Er wollte vorerst abwarten, wie sich der eben gegründete Verein entwickeln werde. Als der Verein sofort einen starken Aufschwung nahm und schon seine zweite Versammlung eines der größten Lokale derart überfüllte, daß Hunderte von Menschen keinen Einlaß mehr finden konnten, sagte Dr. Lueger zu, in der dritten Versammlung des Vereines einen Vortrag zu halten. (...) Lueger sprach klug und gemäßigt über Korruption und Wucher und ließ dabei einfließen, daß bei Korruption und Wucher überall Juden zu treffen seien. Die Liberalen (...) waren außer sich. Die judenliberalen Blätter beschimpften und verleumdeten Dr. Lueger in der ärgsten Weise.« Daß Luegers antisemitische Insinuationen unter dem liberalen Bürgertum, das zum großen Teil jüdischer Herkunft war, Unruhe und Empörung hervorrufen mußten, ist selbstverständlich. Trotzdem lag der Luegersche Antisemitismus zunächst durchaus im Interesse des liberalen Besitzbürgertums, selbst soweit es jüdischer Herkunft war. Wurde die Schuld an dem wirtschaftlichen Zusammenbruch von 1873 zunächst der Börse zugeschrieben, so breitete sich, je länger sich die anschließende schwere Depression hinzog, in der Bevölkerung eine umfassende antikapitalistische Stimmung aus, die allmählich zur Bildung der ersten politischen Massenparteien führte. Vor allem die christlichsoziale Bewegung wurde zu einer für das liberale Bürgertum durchaus ernstzunehmenden Bedrohung. In dieser Situation war Lueger, trotz seiner antiliberalen Haltung, gerade auch für das Bürgertum der Mann der Stunde.

Der Bericht von Stauracz zeigt, auf welche Weise Lueger es verhindert, daß die Kritik an Korruption und Wucher sich zu einer umfassenden Kritik am kapitalistischen System ausweitet. Luegers Taktik ist erfolgreich, weil sein scheinbar beiläufiger Hinweis, daß bei Korruption und Wucher »überall Juden zu treffen seien«, nicht ohne weiteres von der Hand zu weisen ist. (Die scheinheilige Beiläufigkeit noch der schlimmsten Invektiven ist im übrigen, wie alle Quellen übereinstimmend belegen, Luegers eigenstes, virtuos eingesetztes Stilmittel. Diese Kombination von aggressiver Bonhomie und Falschheit, aus der sich das »Weanertum« im wesentlichen zusammensetzt, ließ die Herzen der Bevölkerung für den »schönen Karl«, wie er genannt wurde, höher schlagen.) Denn ebensowenig wie die Tatsache, daß Korruption weitgehend das wirtschaftliche Leben bestimmte, war zu bestreiten, daß Banken und Unternehmen zu einem großen Teil in jüdischem Besitz waren. Lueger brauchte also nur aus der Tatsache, daß zahlreiche Juden sich mit dem korrupten System identifizierten, den Schluß zu ziehen, die Möglichkeit der Korruption sei nicht Folge des Systems, sondern gehe zu Lasten einer bestimmten, das System stützenden Gruppe. Auf diese Weise – und hierin besteht der eigentliche Dienst, den Lueger dem liberalen Bürgertum leistet – wird es möglich, daß der antikapitalistische Impuls, der der christlichsozialen Bewegung ursprünglich die Richtung gegeben hatte, nicht ausdrücklich widerrufen zu werden braucht, und doch nicht mehr geeignet ist, das bestehende System in Frage zu stellen.

Trotzdem ist Luegers Erfolg nicht ausschließlich auf seine ideologischen Manipulationen zurückzuführen, sondern auch auf die Umsicht und Energie, mit der er aus

Wien eine moderne Kommune macht. Das Besitzbürgertum hatte aus dem kaiserlichen Handschreiben vor allem die Stichworte »Regulierung und Verschönerung« aufgenommen, vor den wirtschaftlichen und politischen Folgen jedoch eher die Augen verschlossen. »Die Angliederung der Wiener Vororte war geschehen, ohne daß die geringste Vorsorge getroffen war. In den darauffolgenden Jahren war auch nichts geschehen. Der Zuwachs betrug eine halbe Million Einwohner.« Lueger versteht es, durch eine tatkräftige Kommunalpolitik – Stauracz zählt etwa zwei Dutzend Schwerpunkte seiner Tätigkeit auf, von der Reform der Gaswerke und des Verkehrswesens über die »Sorge für die Bediensteten« bis hin zur Reform des Bestattungswesens (einer Institution, die für das seelische Gleichgewicht des Wieners von elementarer Bedeutung ist) – dem »Fünfguldenmann« (dem nach der Senkung des Zensus auf fünf Gulden wahlberechtigt gewordenen Kleinbürger) das Gefühl zu vermitteln, es werde für ihn in jeder Hinsicht gesorgt. Sind die radikaldemokratischen Kleinbürger von 1848 noch bis in die Nähe der Hofburg vorgedrungen, so vollbringt Lueger das scheinbar Unmögliche: die Ausweitung der Stadt zu einer modernen Metropole, in der das Kleinbürgertum sich dennoch strikt auf die Vorstädte beschränkt und die eigenen Grenzen fähnchenschwingend bestätigt. – Daß für die jungen Autoren gutbürgerlicher Herkunft, die in den neunziger Jahren zu schreiben beginnen, die Vorstädte dennoch die Aura der Verheißung und der Bedrohung, des »Lebens« schlechthin behalten, steht auf einem anderen Blatt.

Um die Jahrhundertwende mehren sich die Klagen, daß wissenschaftlicher und moralischer Fortschritt nicht miteinander Schritt gehalten haben. Ludwig Büchner, dem Verfasser des populärmaterialistischen Buchs »Kraft und Stoff«, kommen gegen Ende seines Lebens trübe Gedanken, die er in einer Schrift mit dem Titel »Am Sterbelager des Jahrhunderts« niederlegt: »So kann das neunzehnte

Jahrhundert mit Stolz von sich sagen, daß es in Sachen der Wissenschaft und des materiellen Lebens eine Stufe erklommen habe, mit welcher sich (...) keine Leistung früherer Jahrhunderte auch nur entfernt messen kann. Aber es muß leider das niederschlagende Geständnis hinzufügen, daß damit für den intellektuellen, moralischen und sozialen Fortschritt der Menschheit nicht dasjenige erreicht worden sei, was man nach dem glänzenden Vorgang des achtzehnten Jahrhunderts hätte erwarten dürfen.« Bürgerliches Selbstbewußtsein fand seit dem 18. Jahrhundert seinen Inhalt und seine Perspektive im Gedanken eines bürgerlichen Nationalstaates; der wirtschaftliche Liberalismus war der Motor, der diese Entwicklung vorantreiben sollte. Das zwingende Gefühl eines moralischen Defizits, das sich um die Jahrhundertwende einstellte, ging darauf zurück, daß das Bürgertum sich von dem wichtigsten Träger seines Selbstverständnisses entfremdet hatte, dem Gedanken des demokratischen Nationalstaates, in dem ihm die Führungsrolle zukommen sollte. Nach dem gescheiterten Versuch von 1848, diese Idee zu verwirklichen, gelingt es dem Bürgertum zwar, sich in wirtschaftlicher Hinsicht durchzusetzen, aber es muß sich dabei mit politischen Strukturen arrangieren, die mit seinen Wertvorstellungen eigentlich unvereinbar sind. Das gilt insbesondere für die Verhältnisse in Österreich. Hier ist das erste Jahrzehnt (1849–1859) der Herrschaft des jungen Kaisers Franz Joseph wirtschaftlich geprägt durch einen bedeutenden Aufschwung, politisch jedoch durch den sogenannten »Neoabsolutismus«, die entschlossene Liquidierung aller demokratischen und konstitutionalistischen Bestrebungen. Immerhin hatte das Bürgertum in Österreich genug Zeit, sich an den Gedanken zu gewöhnen, daß es mit der politischen Mündigkeit wohl nichts werden würde. Während in Deutschland die oktroyierte Verwirklichung des Nationalstaats sich auf das bürgerliche Selbstbewußtsein niederschmetternd auswirken mußte – Helmuth Plessner hat in seinem Buch über »Die verspätete Nation« die Folgen dargestellt –, vollzog sich die Aushöhlung bürgerlicher Gedanken in Österreich eher unauffällig.

Für Österreich ist charakteristisch, daß die Diskreditierung des Liberalismus seit der Krise von 1873, seine politische Entmachtung im Jahre 1879 (Bildung des sozial-konservativen Ministeriums Taaffe) liberales Gedankengut, liberalen Sprachgebrauch weitgehend unangetastet lassen; der Liberalismus wird »introvertiert« (Matis): Je mehr die Bedeutung liberalistischer Prinzipien für das Wirtschaftsleben abnimmt, um so mehr wird – da die maßgebenden Zeitungen wie die Universitäten von Liberalen geprägt sind – alles und jedes im Geiste eines »prinzipiellen« Liberalismus diskutiert, der sich hierdurch mehr und mehr von der politischen Praxis entfernt. Ein liberaler Abgeordneter bringt das Kunststück fertig, für die österreichische Wirtschaft die Einführung von Schutzzöllen zu fordern: mit der ausdrücklichen Begründung, daß nur auf diese Weise die Freiheit des Handels gewährleistet werden könne. Als Folge dieses Auseinanderklaffens von liberaler Phraseologie und politischer Wirklichkeit äußert sich die Gesellschaftskritik österreichischer Schriftsteller überwiegend als Sprachkritik, wie etwa bei Fritz Mauthner (»Beiträge zu einer Kritik der Sprache«, 1903) und Hugo von Hofmannsthal (»Ein Brief«, 1902); das Vertrauen in die Ausdrucks- und Wahrheitsfähigkeit von Sprache weicht einem grenzenlosen Skeptizismus. In einer frühen Aufzeichnung leitet Hofmannsthal die allgemeine Orientierungslosigkeit ausdrücklich aus der Diskrepanz von Sprache und Wirklichkeit ab. »Über das Wohinaus eine allgemeine Unklarheit. Kein Gegenwartssinn. Verlogenheit, resultiert zumeist aus dem fortgesetzten ehrerbietigen Gebrauch von Begriffen, denen eine lebendige Achtung versagt ist.«

Diese Bemerkung läßt bereits die Sprachkrisis, die im Jahre 1902 ihren bedeutendsten Ausdruck in Hofmannsthals Chandos-Brief findet, als unausweichlich erscheinen. Der Zerfall der Begriffe – »Es zerfiel mir alles in Teile, die Teile wieder in Teile, und nichts mehr ließ sich mit einem Begriff umspannen« – ist gewiß nicht ausschließlich der politischen Entwicklung zuzuschreiben, aber er wird durch sie entscheidend beschleunigt und zu einer dramatischen, umfassenden Störung des Lebensgefühls verschärft. Denn die österreichischen Autoren, die um 1890 zu schreiben beginnen – als wichtigste Vertreter der »Jung Wien« genannten Gruppe wären zu nennen Arthur Schnitzler (geboren 1862), Hermann Bahr (1863), Richard Beer-Hofmann (1866), Felix Salten (1869), Hugo von Hofmannsthal (1874), Leopold von Andrian (1875) – sind sämtlich in einer Zeit aufgewachsen, die die Parole des Liberalismus, das Wohl des »Allgemeinen«, zwar ständig beschwört, es zugleich jedoch durch strikte Ausrichtung des Handelns am individuellen Interesse desavouiert. Daß hierdurch nicht nur die persönliche Orientierung erschwert, sondern schließlich auch die Möglichkeit von Erkenntnis überhaupt in Frage gestellt wird, ergibt sich aus der Tatsache, daß Erkenntnis, subjektive Aneignung von Welt stets des Bezugs auf einen allgemeingültigen Horizont bedarf. Fehlt diese Möglichkeit, wird das Allgemeine grundsätzlich als brüchig wahrgenommen, so wird Erkenntnis schließlich unmöglich. »Und so ist dies schließlich die Formel unseres Lebens überhaupt«, bemerkt Simmel, auch diese Zeitströmung mit sicherem Gespür auf den Begriff bringend, »von der banalen Praxis des Tages bis zu den höchsten Gipfeln der Geistigkeit: in allem Wirken haben wir eine Norm, einen Maßstab, eine ideell vorgebildete Totalität über uns, die eben durch dies Wirken in die Form der Realität übergeführt wird (...). Unsere praktische Existenz, unzulänglich und fragmentarisch, wie sie ist, erhält eine gewisse Bedeutsamkeit und Zusammenhang dadurch, daß sie sozusagen die Teilverwirklichung einer Ganzheit ist. (...) Wir können uns das Erkennen gar nicht anders denken, als daß es diejenigen Vorstellungen innerhalb des Bewußtseins verwirklichte, die an der gerade fraglichen Stelle sozusagen darauf gewartet haben.«

Es ist daher nur folgerichtig, daß, wenn eine wie auch immer geartete allgemeine Norm in der Praxis des Lebens nicht mehr wahrnehmbar ist, die Erwartungen, die in die Kunst gesetzt werden, ins Unendliche gesteigert werden. Denn nach dem Verblassen der Religionen ist es allein die Kunst, von der das bürgerliche Individuum noch eine Versöhnung seines isolierten Daseins mit umfassenden, sinnvollen Strukturen zu erhoffen vermag. Allerdings bleibt dieser Ausweg nur solange möglich, als in der außerkünstlerischen Wirklichkeit wenigstens noch Ansätze zu einem sinnvollen Ganzen auszumachen sind. Schwinden auch noch diese Ansätze, so ist entweder das Ende der Kunst gekommen oder die Kunst durchtrennt die letzten Bezüge zur Wirklichkeit, um wenigstens einen schönen Schein aufrechterhalten zu können. Dieser Augenblick ist die Geburtsstunde des Ästhetizismus.

III

Das Weltreich des Narziß

»Centrumsgefühl« – Potemkinsche Dörfer – Ausweitung des Ich

Am 13. Mai 1895 schreibt Hugo von Hofmannsthal an Richard Beer-Hofmann: »Ich glaub immer noch, daß ich im Stand sein werde, mir meine Welt in die Welt hineinzubauen. Wir sind zu kritisch um in einer Traumwelt zu leben, wie die Romantiker; mit unseren schweren Köpfen brechen wir immer durch das dünne Medium, wie schwere Reiter auf Moorboden. Es handelt sich freilich immer nur darum ringsum an den Grenzen des Gesichtskreises Potemkin'sche Dörfer aufzustellen, aber solche an die man selber glaubt. Und dazu gehört ein Centrumsgefühl, ein Gefühl von Herrschaftlichkeit und Abhängigkeit, ein starkes Spüren der Vergangenheit und der unendlichen gegenseitigen Durchdringung aller Dinge und ein besonderes Glück, nämlich, daß die begegnenden Phänomene wie Karten bei der Kartenschlägerin gutsymbolisch fallen, reich, vielsagend (...). Das Fallen der Karten aber erzwingt man von innen her; das ist das tiefe große wahre wovon dem Poldy seine Geschichte ein hilfloses und mein Märchen« – gemeint ist: »Das Märchen der 672. Nacht» – »ein kindlich rohes allegorisches Zeichen sein soll. Ein Reich haben wie Alexander, gerade so groß und so voll Ereignis, daß es das ganze Denken erfüllt, und mit dem Tod fällt es richtig auseinander, denn es war nur ein Reich für diesen einen König. So sieht das Wünschenswerte von der einen Seite aus. Auf der andern aber steht eindringlich unser gemeinsames: il faut glisser la vie! Und wer beides versteht kann es vereinen. Nur eins glaub ich muß man bis zu einem dämonischen Grad lernen: sich um unendlich viele Angelegenheiten und Dinge nicht zu bekümmern.«

Der Brief, ein einzigartiges Dokument, ist Wort für Wort ein Manifest des Ästhetizismus; von den Absichten, die er formuliert, bis zu der zwischen Selbstvertrauen und Resignation schwankenden Stimmung, die ihn prägt. Eine sinnvolle Welt, in der das Subjekt herrscht und zu Hause ist, hineinzubauen in eine Welt, die als sinnleer erfahren wird und von der abzusehen eine Energie fordert, für die Hofmannsthal nicht zu Unrecht das Wort »dämonisch« findet: das ist die treffende Beschreibung für eine Haltung, die allein noch von der Kunst und durch die Kunst das Heil erwartet. Diese Haltung setzt ein Ich voraus, das sich stark genug fühlt, um allein aus eigener Kraft die Welt sinnvoll zu strukturieren; sie erinnert an die hybrideste Ausformung des Deutschen Idealismus, Fichtes Dualismus von Ich und Nichtich. Zu Recht bezeichnet schon ein zeitgenössischer Kunsthistoriker die moderne Kunst als »Neuidealismus«. Allerdings liegt diesem Ich kein Gedanke ferner – und hierdurch unterscheidet es sich von der Konstruktion des Idealismus – als der, daß es seine Substanz nur in der praktischen Einwirkung auf die Welt hat; das von Hofmannsthal skizzierte Ich kann seine Allmachtphantasie nur durch den vollständigen Verzicht auf jede Praxis entwickeln. Diese ist reduziert auf die Errichtung von Potemkinschen Dörfern, auf planmäßig inszenierten Selbstbetrug. Diese Selbsteinschätzung, die Hofmannsthal mit beispielloser Offenheit ausspricht, müßte auf die Dauer unerträglich sein. Um vor sich selbst zu verbergen, daß hinter den Kulissen jener Dörfer Elend und Chaos herrschen, weitet das Ich sich so extrem aus, bis es die Illusion hegen kann, sein Gesichtskreis falle mit dem Umfang der Welt – das Reich Alexanders war nach antiken Vorstellungen ein Weltreich – zusammen. Die ganze Welt wird zu einem einzigen Potemkinschen Dorf. Daher schließt das von Hofmannsthal entwickelte Programm nicht nur den Verzicht ein, auf die Welt einzuwirken, sondern läuft darauf hinaus, mit ihr überhaupt nicht in Beziehung zu treten.

Diese Beziehungslosigkeit zu verdecken, gibt es drei Möglichkeiten, die sämtlich in Hofmannsthals Brief angedeutet sind: Das Ich dehnt sich so weit aus, bis es mit der Welt zusammenfällt. Oder es wendet sich der »Vergangenheit« zu, weil Vergangenheit ihren Ort ausschließlich im Subjekt hat und nur in ihm weiterlebt. Oder es bemüht sich, »der unendlichen gegenseitigen Durchdringung aller Dinge« sich zu versichern. Die symbolistische Kunst versucht in diesem Sinne, ein Netz von »Korrespondenzen« zwischen den isolierten Dingen zu knüpfen, die, nach dem Verblassen des metaphysischen Hintergrunds und dem Verlust der Vernunft in der Geschichte, ihren Verweisungscharakter eingebüßt haben. Der Jugendstil schließlich – er ist insofern die Fortführung des Symbolismus – setzt sich zum Ziel, die in einer erstarrten Kultur voneinander isolierten Gegenstände und Menschen durch den »Strom des Lebens« wieder miteinander zu verbinden; hierbei fällt dem Traum eine Schlüsselfunktion zu. Es ist Richard Beer-Hofmann, der im »Tod Georgs« diese vierte Möglichkeit exzessiv nutzen wird, eine Verknüpfung des Ich mit der Welt zu erreichen. Dem Träumenden wenden, wie es dort heißt, alle Dinge das Antlitz zu, denn es ist der Träumende selbst, der sie hervorbringt und in dem allein sie wirklich sind.

Das Ineinander von imperialer Gebärde und halb eingestandener Resignation in Hofmannsthals Brief ist hervorgerufen durch die Ahnung, daß alle diese Lösungsversuche, die der gleichsam »reine« Ästhetizismus anzubieten hat, unzulänglich bleiben müssen. Denn Aufblähung des Ich, Hinwendung zur Vergangenheit, symbolistische Korrespondenzen, Lebensstrom und Traum vermitteln zwar die Illusion eines umfassenden Zusammenhangs, sie versagen jedoch vor dem eigentlichen Ziel, um dessentwillen sie herangezogen werden: die abgerissene Verbindung von Ich und Welt neu zu knüpfen. Es ist deshalb kein Zufall, daß die Autoren, die im Zeichen des Ästhetizismus angetreten sind, schließlich zu außerästhetischen Mitteln greifen müssen: Bahr orientiert sich an Marxismus und Katholizismus, Hofmannsthal und Andrian am Katholizismus, nach dem Krieg zusätzlich an der »Idee Österreich«, Beer-Hofmann am Judentum; Schnitzler als einziger versucht, die Tradition bürgerlicher Aufklärung in kritischer Auseinandersetzung fortzuführen. Andrian (in Hofmannsthals Brief als »Poldy« erwähnt) gelingt es allerdings nicht, durch religiöse oder patriotische Motive zu modifizierten Ausdrucksformen zu gelangen, nachdem er ein einziges Mal versucht hatte, seine Lebensproblematik durch die Kunst zu lösen. Nach der Erzählung, die er als Zwanzigjähriger veröffentlicht hatte, trat er mit weiteren Dichtungen nicht mehr hervor.

IV

Metaphysik des Fiakers

Leopold von Andrian: »Der Garten der Erkenntnis« – Ästhetische Bewältigung der Realität – Metapher und Traum – Das »Andere« – Sinnlichkeit und Erkenntnisverbot – Der Doppelgänger – Innenansicht des Jugendstils

Leopold Freiherr von Andrian-Werburg wurde 1875 geboren, zu seinem Leidwesen in Berlin, wo seine Eltern sich vorübergehend aufhielten. Der Vater, ein angesehener Gelehrter, begründete die anthropologische Gesellschaft in Wien; die Mutter war die Tochter des Komponisten Giacomo Meyerbeer. Von 1885 an wurde er in dem Jesuitenstift Kalksburg erzogen, der von ultrakonservativen und klerikalen Kreisen bevorzugten Bildungsanstalt. 1893 lernte er durch Vermittlung des Germanisten Oskar Walzel, seines Hofmeisters, den um ein Jahr älteren Hugo von Hofmannsthal kennen; die damals begründete lebenslange Freundschaft ist in einem umfangreichen Briefwechsel dokumentiert. Nach dem Studium der Jurisprudenz tritt Andrian in den diplomatischen Dienst; er wird verschiedenen Auslandsvertretungen der Monarchie in Europa, aber auch in Rio de Janeiro und Buenos Aires zugeteilt. Kurz vor dem Zusammenbruch des Habsburgerreiches wird er Intendant der Wiener Hoftheater. Auch nach 1918, nun als Privatier, wechselt Andrian, der sich heimatlos fühlt, häufig seinen Wohnort; eine Zeitlang läßt er sich in Liechtenstein nieder, dem letzten Staat, der von einem der Habsburgermonarchie verbundenen Fürsten regiert wird. 1930 und 1937 erscheinen seine Bücher »Die Ständeordnung des Alls« und »Österreich im Prisma der Idee«, die sich durch einen abstrus übersteigerten Legitimismus auszeichnen. 1951 stirbt Andrian in Freiburg in der Schweiz.

Sein literarisches Werk besteht, neben einigen Gedichten, von denen George mehrere in den »Blättern für die

Kunst« veröffentlichte, allein aus einer stark autobiographischen Erzählung, »Der Garten der Erkenntnis«, mit der er 1895 hervortrat. Die Geschichte hat das kurze Leben eines österreichischen Fürsten zum Inhalt, der vergeblich versucht zu »erkennen« und schließlich stirbt, »ohne erkannt zu haben«. Das kleine Buch wurde sehr unterschiedlich aufgenommen; während Hermann Bahr, in gewohntem Überschwang, sich zu dem Urteil »reifer Goethe« hinreißen ließ, sah Schnitzler, der »schöne Vergleiche« hervorhob, aber mangelnde Gestaltung, dazu »Affectation, Unklarheiten« kritisierte, eher einen »unreifen Loris« am Werk. Der Erzähler und Dramatiker Ferdinand von Saar, von den jungen Wiener Autoren zu einer Art Schutzpatron ernannt, bedauerte, aufgrund der fehlenden Handlung die Novelle leider nicht verstanden zu haben. »So aber kann ich nur die Fülle der Stimmungen und Empfindungen, der Farben und Töne bewundern, die Sie geboten.« Dem Spott von Karl Kraus, der das kleine Werk in »Der Kindergarten der Unkenntnis« umbenannte, stehen die Urteile Hofmannsthals, vor allem aber Stefan Georges gegenüber; dieser soll immer wieder mit höchster Anerkennung von Andrians Prosadichtung gesprochen und Teile auswendig rezitiert haben.

Wie auch immer der künstlerische Wert der Erzählung einzuschätzen sein mag, unbestreitbar ist, daß in der »Fülle der Stimmungen und Empfindungen« eine psychische Konstellation getroffen war, die die Zeitgenossen als ihre eigene erkannten. Bei allem Unterschied des Niveaus sind nicht nur Hofmannsthals »Märchen der 672. Nacht« (1895) und »Reitergeschichte« (1898), sondern auch noch Musils mehr als zehn Jahre später erschienene »Verwirrungen des Zöglings Törleß« (1906) auf den ersten Blick erkennbar als Ausformung von Motiven, die zum erstenmal bei Andrian aufgetaucht waren. Gemeinsam ist diesen Werken eine im einzelnen schwer dingfest zu machende traumhafte Atmosphäre, die selbst dort vorherrscht, wo die Gestalten nicht in einem Traum befangen sind;

eine Realität, die sich jedem Zugriff der Gestalten – durch die Tat wie durch den Begriff – entzieht; und schließlich lastet auf diesen Gestalten eine Einsamkeit, deren physisch spürbare Undurchdringlichkeit durch eine schwüle, unfreie, stets als latente Drohung wirkende Sinnlichkeit noch verstärkt wird.

Die Geschichte des österreichischen Fürstensohnes, die Andrian erzählt, kennt zwar keine Handlung, wohl aber eine Folge wechselnder Zustände, so daß insgesamt doch eine – wenn auch negative – Entwicklung des Helden erkennbar wird; »der Erwin« (wie er vom Erzähler ausnahmslos genannt wird) gestaltet sein Schicksal nicht, er erleidet es. – Nach wenigen Hinweisen auf die Kindheit und die gescheiterte Ehe der Eltern setzt die eigentliche Lebensgeschichte mit der Pubertät ein: der Knabe wird von der verwitweten Mutter in ein »Convict« (das unschwer als Kalksburg zu identifizieren ist) gegeben. »Damals (er ging ins zwölfte Jahr) war der Erwin so einsam und sich selbst genug, wie niemals später; sein Körper und seine Seele lebten ein fast zweifaches Leben geheimnisvoll in einander; die Dinge der äußeren Welt hatten ihm den Wert, den sie im Traume haben; sie waren Worte einer Sprache, welche zufällig die seine war, aber erst durch seinen Willen erhielten sie Bedeutung, Stellung und Farbe. (...) Dieses Leben war wie eine fremde Arbeit, die er verrichten mußte, es machte ihn müde und den ganzen Tag freute er sich aufs Schlafengehen.« Die Kluft zwischen Subjekt und Außenwelt, die von »dem Erwin« in der äußersten Form der Entfremdung vom eigenen Leib erfahren wird, bricht in der Pubertät auf; die erwachende Sexualität wird nicht als vitaler Impuls erfahren, sich der Objektwelt zuzuwenden, sondern als ichfremde, bedrohliche, das Subjekt auf sich selbst zurückwerfende Macht. Die Gegenwart der Kameraden – die »Törleß«-Atmosphäre ist hier angedeutet – wird als zusätzliche Drohung empfunden, da sie den allein Ruhe verheißenden Rückzug auf das eigene Ich gefährdet; schon hier wird erkennbar, daß die Angst vor der Sexualität in Wahrheit Angst vor den eigenen homosexuellen Strebungen ist: die Gegenwart der »Anderen« ist eine ständige Versuchung.

Die »Belohnung« für den totalen Rückzug aus der Welt erteilt das Ich, das sich selbst das einzige Libido-Objekt ist – »Ego Narcissus« ist das Motto, das Andrian seinem Buch voranstellte –, ebenfalls sich selber: als Genugtuung darüber, die einzige Instanz zu sein, die eine an sich sinnlose Welt mit »Bedeutung, Stellung und Farbe« belehnt. (In einem Brief zur Entstehungszeit der Geschichte geht Andrian so weit, von sich selbst zu sagen, er sei »auch ein Heiland oder der Bote eines Heilands«.) In Andrians Geschichte wird sichtbar, wie das von Hofmannsthal so genannte »Centrumsgefühl« entsteht. Es ist ein – wenn auch äußerst labiler – Gleichgewichtszustand, der dadurch zustande kommt, daß die völlige Distanzierung von der Außenwelt die Möglichkeit schafft, alle Energien auf das eigene Ich zu konzentrieren.

Ein etwas stabilerer Zustand – die einzige Phase relativen Wohlbefindens, die »der Erwin« in seinem kurzen Leben kennen wird – stellt sich erst durch den Entschluß ein, Priester zu werden. Die Aussicht auf eine rein kontemplative Existenz, wie er sie bei den »meditierenden Patres« wahrnimmt, erlaubt vorübergehend ein vorsichtiges Sich-Einlassen nicht nur auf die ästhetischen Reize des religiösen Kultus, sondern auch auf die »Schönheiten der Welt«. Die getroffene Entscheidung und der Vorsatz, die Verlockungen der Welt künftig zu bekämpfen, garantieren, daß das Wohlgefallen an den Schönheiten der Welt »interesselos«, ohne Bezug auf das »Begehrungsvermögen« (Kant) bleibt. Nur durch ein Verhalten, das rein ästhetisch zu sein scheint, ist es »dem Erwin« für einen Moment möglich, sich der Außenwelt zuzuwenden: »Das Leben würde ein Kampf der Kirche gegen die Welt sein. Aber seine Gedanken gaben diesem Zweikampf eine so vielfältige Höflichkeit, ein so erhabenes Ceremoniell, so gesuchte Formen, daß er fast zu einer Parade wurde, zu einem Vorwand für die beiden großen ebenbürtigen Gegner, einander gegenüber zu stehen, die fremde Herrlichkeit zu bewundern und an der fremden Größe der eigenen gewahr zu werden; so wie wenn von den Enden der Welt zwei Helden zu kämpfen kommen, der tapferste Held des Morgenlands und der tapferste Held des Abendlands, und sie sich begrüßt haben und mit gesenkten Lanzen und geöffneten Visieren fast des Kampfes vergessen, weil sie einander anschauen. Wie eine Vorahnung dieses einzigen Zweikampfes genoß er auch die verweichlichenden Freuden der Ausgangstage in Wien, genoß sie um so mehr, weil er sich wie der Gesandte eines fernen Königs in einem fremden Reich fühlte, dem er morgen den Krieg erklären wird.« Ist das Leben Erwins geprägt von dem Wunsch, die ängstigende Fremdheit der Welt zu überwinden – das meint er, wenn er von seinem Streben nach »Erkenntnis« spricht –, so ist hier, wie das prunkvoll ausgefüllte Bild (das die Bewunderung der Zeitgenossen hervorrief) bestätigt, ein für ihn nicht überbietbarer Zustand der Erfüllung erreicht. Hieran hat die Kunst wesentlichen Anteil: Sie bringt Schrecken und Faszination im Bild zum Ausgleich. Indem die Kunst die Außenwelt zum Bilde gestaltet, nimmt sie dieser den Schrecken und läßt sie zugleich ästhetisch genießbar werden.

Hier ist der eigentliche Grund für die starke Wirkung von Andrians Werk. Es demonstrierte den Zeitgenossen, die an sich selbst und an ihrer Stellung zur Realität irregeworden waren, bis zu welchem Grade die Kunst das Verhältnis des Ich zur Außenwelt stabilisieren und aus einem abstrakten in ein anschauliches zurückverwandeln kann. Mit den eindrucksvollen Bildern und Stimmungen, die Andrian lieferte, schien sich eine neue Kunst anzukündigen, die endlich die Erfüllung einer seit der Romantik nicht mehr verstummten Forderung verhieß. Unter dem Eindruck der sich in Formeln verwandelnden Naturwissenschaften hatten bereits Schelling (mit seiner Forderung nach einer »neuen Mythologie«) und die Romantiker (Novalis, E.T.A. Hoffmann), gegen Ende des Jahrhunderts Nietzsche, die Rückverwandlung von Begriffen in Bilder verlangt: »Die Metapher ist für den echten Dichter nicht eine rhetorische Figur, sondern ein stellvertretendes Bild, das ihm wirklich, an Stelle eines Begriffes, vorschwebt.« Durch die Bilder produzierende Kunst soll eine einheitliche, nicht mehr in »Wissenschaft« und »Leben« zerfallende Weltsicht wieder hergestellt werden: es komme, meint Nietzsche, darauf an, »die Wissenschaft unter der Optik des Künstlers zu sehen, die Kunst aber unter der des Lebens«. Damit ist das Programm des Jugendstils ausgesprochen. Die Kunst soll vermitteln zwischen einem in Abstraktionen sich auflösenden Weltverständnis und einem nicht minder abstrakten, an den Menschen und Dingen vorbeirauschenden Lebensstrom. Aus demselben Grunde kommen Traum und traumhafter Atmosphäre in der Kunst der Jahrhundertwende zentrale Bedeutung zu. Der Traum wird zum Medium der Kunst schlechthin, weil er alle Begriffe in Bilder auflöst; aber nicht nur ursprünglich bildhafte Elemente, selbst die Bezeichnung von Relationen, Abstraktionsprozessen, die erst einem entwickelten Bewußtsein zu vollziehen möglich sind, werden durch den Traum in Bilder transformiert. Andrians Bild der einander gegenüberstehenden Ritter »bedeutet« nicht, es *ist* das Verhältnis »des Erwin« zur Welt. Noch Proust bedient sich dieses Kunstmittels, wenn er, zu Beginn seines großen Romanwerks, das in die Traumwelt absinkende Bewußtsein des Helden mit den der eben beendeten Lektüre entstammenden Gegenständen sich identifizieren läßt: »Ich hatte, während ich schon schlief, nicht aufgehört, über das nachzudenken, was ich gerade gelesen hatte, aber meine Gedanken hatten eine etwas merkwürdige Wendung genommen; es schien mir, als sei ich selbst das, wovon das Buch sprach: eine Kirche, ein Quartett, die Rivalität zwischen Franz I. und Karl V.« Auch hier wird eine abstrakte Beziehung in ein Bild verwandelt. Der Traum stellt die verlorene Einheit von Ich und Welt wieder her. Er ist die neue Mythologie.

Mit dem grandiosen Bild der beiden Ritter aber sind die Möglichkeiten der ästhetischen Realitätsbewältigung erschöpft; Realität und Geschichte erweisen sich, aller ästhetischen Gegenwehr ungeachtet, als übermächtig. Das extrem ästhetizistische Werk wird, indem es die Grenzen des durch Kunst Möglichen sichtbar werden läßt, zur Kritik am Ästhetizismus. Aufschlußreich in diesem Zusammenhang ist die Entwicklung der religiösen Thematik. Das triumphale Bild des Einstands von Transzendenz und diesseitiger Welt zerfällt nachträglich, weil ihm die religiöse Substanz entzogen wird; allein schon hierdurch erweist sich die Hoffnung auf Rettung durch die reine Kunst als nichtig. Denn der Entschluß, Priester zu werden, wird mit keinem weiteren Wort erwähnt. Während seines Aufenthalts in Bozen, der nächsten Station seines Lebens, macht Erwin zwar die Bekanntschaft eines Priesters; die Vorliebe, die er für ihn empfindet, scheint allerdings eher auf dessen physikalischen Kenntnissen denn auf seinem Priestertum zu beruhen: »Es freute ihn nichts mehr in Bozen, als die langen Spaziergänge mit einem alten Priester, der Physiker war und ihm aus seinem Leben erzählte und von seiner Wissenschaft sprach. (...) Etwas wie ein Zauberer schien ihm der alte Priester, in dessen Macht es stand, durch Einwirkung auf das Laich der Tiere zwei Frösche für ihr Leben unzertrennbar zu verbinden.« Die um die Jahrhundertwende häufig zu beobachtende forcierte Hinwendung zum Katholizismus entspricht dem Unbehagen an den ohne erkennbares Ziel analysierenden Verfahren der Naturwissenschaften. Dem abschlußlosen Zergliedern soll durch die Schau eines geschlossenen Ganzen Einhalt geboten werden; eine religiöse Gestimmtheit breitet sich selbst dort aus, wo von Religion nicht direkt, sondern nur von dem Bedürfnis nach Gebundenheit die Rede ist. So heißt es in einem Aufsatz von Rilke aus dem Jahre 1898

(»Zur Melodie der Dinge«): »Denn es ist fast von der Bedeutung einer Religion, dieses Einsehen: daß man, sobald man einmal die Melodie des Hintergrundes gefunden hat, nicht mehr ratlos ist in seinen Worten und dunkel in seinen Entschlüssen. Es ist eine sorglose Sicherheit in der einfachen Überzeugung, Teil einer Melodie zu sein, also einen bestimmten Raum zu Recht zu besitzen und eine bestimmte Pflicht an einem breiten Werke zu haben, in dem der Geringste ebensoviel wertet wie der Größte. Nicht überzählig zu sein, ist die erste Bedingung der bewußten und ruhigen Entfaltung.« Gerade diese Gestimmtheit fehlt bei Erwins Umgang mit dem Priester völlig. Die analysierende, die Einzeldinge zu bedeutungslosen Fragmenten herabsetzende Tendenz des Zeitalters bricht sich Raum; wo der Priester synthetisierend verfährt, handelt er gegen die Natur, in der doch allein Gott am Werke sein soll. Das Tun des Priesters ist blasphemisch; er manipuliert – und parodiert damit – den Schöpfungsakt. Gerade das erweckt das besondere Interesse »des Erwin«; gegen seinen Willen ist er gerade dort fasziniert, wo er – gemäß dem Bilde, das er sich von seinem künftigen Leben gemacht hat – den Kampf aufnehmen müßte. Karl Kraus übersah, als er den Vorwurf des Klerikalismus erhob, daß dieser im Bewußtsein von Andrians Gestalt sich gerade nicht durchsetzen kann; und in der Tat wird ja auch der Vorsatz, Priester zu werden, stillschweigend fallengelassen.

Mit dem Schwinden der Sicherheit, die die Kirche vermittelt hatte, ist auch die Möglichkeit einer rein ästhetischen Bewältigung der Wirklichkeit nicht mehr gegeben: die sinnliche Erfahrung der Welt ist mit fortschreitender Pubertät nicht mehr zu vermeiden. Durch die Erzählungen eines älteren Kameraden setzen sich in Erwins Bewußtsein einige Begriffe fest, die »schlecht und verboten und zugleich reizvoll« sind. Die Gegenstände, die von diesen Begriffen bezeichnet werden, sind im Grunde harmlos genug, die Amüsierstätten des besitzenden Bürgertums: die Opernbälle, die Sofiensäle, der Ronacher und das Orpheum. Sie alle finden sich in der Inneren Stadt, und das Interesse, das der Heranwachsende an ihnen nimmt, dürfte kaum über das übliche Maß hinausgehen. Nur eine einzige Wiener Institution versetzt ihn in einen besonderen Erregungszustand: »Besonders die Fiaker schaute er mit einer eigentümlichen ängstlichen Aufregung an.« Von allen Zeitgenossen scheint allein dem ebenso nüchternen wie sachverständigen, dabei wohlwollenden Rezensenten des Berner »Bund« diese eigenartige Fixierung aufgefallen zu sein; er nennt die Erzählung zunächst »ein ziemlich wertvolles Dokument für den eigentümlich weichlichen und weltfremden Seelenzustand, in den die klerikale Erziehung feinere Naturen des österreichischen Adels zu versetzen vermag«, und fährt dann fort: »Hier fehlen denn auch die berühmten Wiener Fiaker nicht, deren Umgang von der hohen Aristokratie Österreichs mit einer gewissen Sentimentalität kultiviert wird. Man denke an die letzte schriftliche Äußerung des Kronprinzen Rudolf, ›Bratfisch hat wundervoll gepfiffen‹. Freilich heißt es von dem Helden dieser Novelle: ›Erwin fand nicht in den Fiakern, was er von ihnen erwartet hatte‹, eine Äußerung, die uns sehr komisch berührt.« Der letzte Satz verrät, daß der Rezensent die Bedeutung der Fiaker für »den Erwin« nicht in ihrer ganzen Komplexität erfaßt hat. Die Fiaker werden in Andrians Erzählung deshalb zur Imago, weil sich in ihnen individualpsychologisch bedingte Triebkomponenten mit überindividuellen Wunschbildern verbinden. Der Rezensent sieht nur das soziologische Moment, dieses allerdings mit bemerkenswerter Schärfe. Der Hinweis auf den sechs Jahre zuvor unter nie ganz geklärten Umständen zu Tode gekommenen Kronprinzen gibt dem auf den ersten Blick skurrilen Motiv die gesellschaftliche Dimension, die ihm in der Tat zukommt. Die Vorliebe der Oberschicht für die Fiaker, auf die der Rezensent hinweist, war die Verbindung zu der Außenwelt, die man sich gerade noch gestattete, während man sie für gewöhnlich aus dem eigenen Gesichtskreis fernzuhalten trachtete. Denn in einer hermetisch in der Inneren Stadt sich einschließenden Gesellschaft waren die Fiaker gleichsam die einzige legale Institution, die die Verbindung zu den zugleich neugierig und argwöhnisch betrachteten Vorstädten herstellte. In den Fiakern glaubte man gefahrlos jener volkstümlichen Ursprünglichkeit habhaft zu werden, die als Ausgleich für die Künstlichkeit und Abgeschlossenheit der eigenen Kultur ersehnt, aber auch heimlich gefürchtet wurde; und zwar um so mehr, als, bedingt durch den Arbeitskräftebedarf der Industrie, die Vorstädte ein unkontrollierbares Wachstum aufwiesen. Die Buntheit, mit der hier einheimisches Kleinbürgertum und Industrieproletariat, zugezogen aus allen Teilen der Monarchie, sich mischten, wurde als ständiger Reiz nicht weniger denn als ständige Bedrohung, als möglicher Herd nationaler wie sozialer Konflikte wahrgenommen. Von dem Leibfiaker Bratfisch, einem ehemaligen Volkssänger, der in der Nacht von Mayerling schmelzend pfiff, bis hin zu den Phantasien »des Erwin«, verkörperten die Fiaker unmittelbare und zugleich gezähmte Volkstümlichkeit und Ursprünglichkeit.

Darin allerdings unterscheidet »der Erwin« sich von seinen Standesgenossen, daß für ihn die Fiaker mehr sind als ein vertraut-exotisches Moment, gleichsam die männliche Variante des »süßen Mädels« aus der Vorstadt. Für ihn verweisen die Fiaker auf das schlechthin »Andere«, jene Dimension, die die Erfüllung seines Strebens nach »Erkenntnis« bedeutet. »Er sagte das ›Andere‹ und hatte dabei das Gefühl, nach irgendeiner Richtung erstrecke sich eine Welt, in der alles verboten und geheim sei, gleich groß mit der, die er kannte. Besonders die Fiaker schaute er mit einer eigentümlichen ängstlichen Aufregung an. Manche sahen den jungen Herren sonderbar ähnlich; daß in dieser Ähnlichkeit der Gegensatz lag, mußte mit der Beschaffenheit des ›Anderen‹ zusammenhängen. Einer besonders gefiel ihm, wenn er im Frühling in den Prater fuhr; seine Pferde hatten Bouquetten von Veilchen im Geschirr, er aber saß da, etwas nach vorne gebeugt, die Zügel hoch und weit auseinander gehalten, mit einer gesuchten Gebärde der Arme, starr und doch seltsam lebend, wie eine graciöse und etwas manierierte Zeichnung in der manierierten Eleganz seines Zeugels.« Hier kommt Andrians Gestalt der Erkenntnis dessen, was er eigentlich sucht, am nächsten: Das »Andere« ist das Gleiche. Im Bild darf er genießen, was er nicht erkennen, nicht einmal wünschen darf: zur Imago fixiert seine Phantasie den Fiaker in der Gebärde der Umarmung. Diesem Wunschbild, das potentiell die Aufklärung über das »Andere« enthält, verweigert Erwins Bewußtsein die »Rekognition im Begriff« (Kant): so kann es nicht zur Erkenntnis werden; statt dessen wird es in die ästhetische Distanz einer »Zeichnung« gerückt. Was immer der junge Fürst in seinem Leben noch unternehmen wird, um zur »Erkenntnis« zu gelangen, dem »Anderen« wird er nie mehr so nahe kommen; wohl aber werden alle seine Ansätze, sein Verhalten den gesellschaftlich approbierten Normen anzugleichen, Spuren des »Anderen« als des Gleichen aufweisen, am deutlichsten bei dem Versuch, »Offenbarung« durch eine Frau zu erlangen. Eine Zeitlang lebt er mit einer nicht mehr jungen Dame der Gesellschaft zusammen. »Sie war schön, von der Schönheit der späten Büsten, bei denen man einen Augenblick zweifelt, ob sie uns einen jungen asiatischen König zeigen oder eine alternde römische Kaiserin; (...) sie glich einer Triumphsäule ihres eigenen Lebens, der das Unzählige eingeprägt war, was man von ihr erhofft und in ihr gefunden hatte.« Nicht nur trägt diese Frau hermaphroditische Züge, so daß sie keinem Geschlecht ganz zuzuordnen ist, wichtiger für »den Erwin«, und seine Wahl bestimmend, ist wohl ihr Alter und die mit ihm verbundene erotische Erfahrung: das Bild der Triumphsäule, auf der ihre früheren Erlebnisse mit anderen Männern gegenwärtig bleiben, verrät, daß Erwin sich im Umgang mit ihr wenigstens die indirekte Erfüllung homosexueller Phantasien erhofft. Auf diese Weise gelingt es ihm zwar, seine heterosexuellen Erlebnisse dem eigentlich gewünschten »Anderen« anzugleichen, die erhoffte »Offenbarung« durch die Frau stellt sich indessen nicht ein; er bleibt voller »Sehnsucht nach der Fülle der Erlebnisse, deren Möglichkeit in ihm war«.

Wäre Andrians Erzählung nichts anderes als ein verschlüsselter Bericht über die homosexuellen Verwirrungen des Zöglings Erwin alias Poldy, so wäre ihr keinesfalls, selbst wenn den Zeitgenossen die autobiographischen Züge durchschaubar gewesen wären, derart große und auch anhaltende Aufmerksamkeit (5 Auflagen bis 1919) zuteil geworden. Die homosexuelle Konstitution, die hier – sehr zurückhaltend – gestaltet wird, ist nicht als solche von Bedeutung; wohl aber trägt sie dazu bei, den Zusammenhang von Kunst, Erotik und Geschichte, deren spezifische Gestalt der Jugendstil ist, besonders deutlich zu machen. Der geschichtliche Gehalt, der dem Jugendstil zugrunde liegt, ist die Erfahrung einer beispiellosen Entfesselung der Produktivkräfte bei fortbestehender Starrheit ihrer gesellschaftlichen Organisationsformen. Dieser Konstellation entspricht in der Kunst die starke Hervorhebung aller triebhaften Elemente der menschlichen Natur; von ihnen wird eine »Entgrenzung« des durch stagnierende Gesellschaftsstrukturen und fortschreitende Arbeitsteilung auf sich selbst zurückgeworfenen Bewußtseins erwartet. Andererseits aber müssen die entfesselten Triebenergien scharf kontrolliert und in Grenzen gehalten werden; wobei es weniger darauf ankommt, wie weit oder wie eng diese gezogen werden, als vielmehr auf den Umstand, daß ihre *Existenz* niemals ganz in Vergessenheit gerät. Ausschließlich in diesem Zusammenhang gewinnt die latent homosexuelle Grundierung von Andrians Erzählung ihre Bedeutung. Denn einerseits besteht, durch ihre »unnatürliche« Richtung, zwischen homoerotischer Triebkonstellation und »Erkenntnis« eine besondere Affinität, gemäß der von Nietzsche in der »Geburt der Tragödie« vertretenen These, »daß dort, wo (...) der Bann von Gegenwart und Zukunft, das starre Gesetz der Individuation und überhaupt der eigentliche Zauber der Natur gebrochen ist, eine ungeheure Naturwidrigkeit (...) als Ursache vorausgegangen sein muß; denn wie könnte man die Natur zum Preisgeben ihrer Geheimnisse zwingen, wenn nicht dadurch, daß man ihr siegreich widerstrebt, d. h. durch das Unnatürliche?«

Wenn die Natur durch die positivistischen Verfahren der Wissenschaften zu einem Aggregat mechanisch aufeinander einwirkender Kräfte, zu einer Abfolge von Ursachen und Wirkungen reduziert ist, dann erschließt sie sich nur noch solchen Praktiken, die, wie Homosexualität und Inzest (auch dieses Motiv erscheint bei Andrian), dem konventionellen Naturbegriff widerstreiten. (Sieht man, wie es wohl legitim ist, in der Lehre vom Ödipuskomplex die eigentliche Urzelle der Psychoanalyse, so folgt auch Freud diesem Erkenntnismodell, obwohl er selbst für sich in Anspruch nahm, nach dem Vorbild der »strengen« Naturwissenschaften zu verfahren.) Andererseits jedoch sind »naturwidrige« Verfahren besonders scharfen gesellschaftlichen Kontrollen unterworfen, so daß, was durch diese Praktiken zugänglich gemacht wird: die menschliche Natur in ihrer ganzen, in sich widersprüchlichen Komplexität, der Ausgrenzung verfällt.

Das Motiv des Doppelgängers, das seit der Romantik – die zuerst die »Ansichten von der Nachtseite der Naturwissenschaft« (Gotthilf Heinrich Schubert, 1808) wiederentdeckte – an Häufigkeit und Bedeutung gewinnt, hat hier seinen Ursprung. In Hofmannsthals »Reitergeschichte« (1898) ist der Wachtmeister Anton Lerch gezwungen, die Impulse nach Besitzergreifung (in sexueller wie in materieller Hinsicht), die sich während eines erfolgreichen Feldzugs in Oberitalien einstellen, der militärischen Disziplin unterzuordnen, bis sie sich schließlich so weit verselbständigen, daß er sich plötzlich seinem eigenen Doppelgänger gegenübersieht. Die Erscheinung zeigt an, daß die aufgestauten Triebregungen unbeherrschbar, dem Ich nicht mehr integrierbar sind; unmittelbar darauf macht Lerch sich einer Insubordination schuldig und wird von einem Offizier erschossen. – Bei Andrian wird dieses Motiv in seiner ganzen Komplexität entwickelt; es wächst konsequent – insofern wäre Schnitzlers Vorwurf der mangelnden Gestaltung zu widersprechen – aus der Erzählung, und damit aus dem Innern Erwins hervor, und zwar je mehr dieser den eigenen Triebimpulsen sich überlassen und zugleich sich gegen sie abgrenzen muß. Das »Andere«, für Erwin zugleich Ursprung und Ziel seines Erkenntnisstrebens, wird in der Gestalt eines »Fremden« personifiziert, und zwar in dem Maße, in dem Erwin unter der Einwirkung gesellschaftlicher Normen sich gezwungen sieht, sich von seinem innersten Ich zu distanzieren. Hierbei zeigt sich, wie unauflösbar in Andrians Erzählung individualpsychologische Konstitution und historische Konstellation miteinander vermittelt sind.

Es ist, nach der Vorliebe, die der junge Fürst für die Fiaker empfunden hatte, nicht überraschend, daß die erste Begegnung mit dem »Fremden« in einem Heurigenlokal in der Vorstadt zustandekommt. Hierher ist er wie unter einem Zwang, jedenfalls ohne einen bewußten Entschluß geraten; sein zielloses Streifen durch die Stadt hatte eher einem Gang ins eigene Innere geglichen, »er fühlte Sehnsucht nach der Fülle der Erlebnisse, deren Möglichkeit in ihm war«. Es ist diese Sehnsucht, die ihn schließlich in die Vorstadt kommen läßt; die gerade aufblühenden Pflanzen – »ihre Düfte hatten sich noch nicht gemengt, streiften einander und wollten sich vereinigen« – erzeugen eine erotisch aufgeladene Atmosphäre, die auf Entgrenzung, auf die Auflösung der einengenden, aber auch Sicherheit verleihenden getrennten Lebensbereiche vorausdeutet. In einem Heurigenlokal stößt der junge Fürst auf eine Gesellschaft, deren weiche, durch Schrammeln und Wienerlieder geprägte Stimmung ihn anzieht: »und wenn der Walzer lockend und lächelnd pochte, so lächelten sie ein wenig geziert, und wenn der Walzer rührend und süß zerfloß, so wurden sie willig, sich hinzugeben. Nur die bosnischen Soldaten an einem getrennten Tisch in der Ecke beim Crucifix blieben ganz ernst. Ganz ernst blieb auch Einer, der neben dem Erwin saß. Nur von Zeit zu Zeit sah er den Erwin an, und als man ihm seinen Wein brachte, reichte er das Glas dem Erwin, damit er zuerst daraus trinke. Als ihm dann der Erwin eine Cigarette gab, schien sein Körper in seltsam schmeichelnder und demütiger Dankbarkeit kleiner zu werden, indeß sein Auge flehend aber ruhig zum Erwin sah. Und während ihm der Erwin ins Gesicht schaute fiel ihm plötzlich dessen Gegensatz, das Gesicht seiner Geliebten ein, mit geschlossenen Augen wie eine Maske unter dem Helm ihrer goldfarbenen Haare, in der öden und hochmütigen Schönheit des Todes. Im niedrigen Gesicht des Fremden war Sanftmut und Bosheit, Furchtsamkeit und Drohung und das ganze Leben, aber wie im Leben zugleich; denn es änderte sich nicht, wenn er sprach, nur sein Körper wand sich wie unter einer inneren Bewegung, die ihn überwältigte. Seine Gebärden waren weit, als wollte er Vieles sagen, aber kraftlos und lässig, als sei er zu schwach dazu. In seinen gelösten Gliedern war die Weichlichkeit eines der des Morgens erwacht; aber seine Kleider waren dürftig, sein Hals bloß, und ihn fror nicht. Als der Erwin hinausging, kam ihm der Fremde nach und bat ihn um Feuer; sie gingen durch die Vorstadt gegen die Bahnen zu und der Fremde erzählte sein Leben; der Erwin wußte, daß er log, aber er wußte auch, daß in dieser Lüge irgendwie die tiefe, dunkle, vielfältige Wahrheit lag. Endlich waren sie draußen, wo das Land anfängt, dessen farbloses zertretenes Gras von Planken umschlossen wird. Der Fremde fragte ihn, wohin sie gingen; das wußte der Erwin nicht und er bekam Angst und wandte sich gegen die Stadt zu. Der Fremde bettelte ihn um ein Almosen an.«

Unauflösbar sind in dieser Begegnung mit dem »Fremden« libidinöse Strebungen und historische Innervationen miteinander verbunden. So ist bezeichnend, daß, unmittelbar vor der entscheidenden Begegnung, die ernsten bosnischen Soldaten die Aufmerksamkeit »des Erwin« erregen; fremd wirken sie nicht nur äußerlich, als Mohammedaner – der Hinweis auf das Kruzifix unterstreicht diesen Kontrast –, fremd sind sie in der Monarchie vor allem auch in einem historisch genauen Sinn: mit der Okkupation Bosniens und der Herzegowina im Jahre 1878, der erst 1908 die förmliche Annexion folgte, gliederte die Monarchie sich noch einmal fremde Gebiete an, zu einer Zeit, da sich ihr Zerfall bereits abzeichnete; in der Irritation des Bewußtseins durch die Bosnier verrät sich die Ahnung des Verstoßes gegen die geschichtliche Tendenz. (Auch Leutnant Gustl werden, in Schnitzlers fünf Jahre später entstandener Novelle, die Bosnier bei seinem gehetzten Gang durch das nächtliche Wien besonders auffallen; er wird, entsprechend seinem aggressiven Habitus, befriedigt feststellen, niemand hätte zur Zeit der Okkupation gedacht, »daß uns die einmal so parieren werden«.) Die Gestaltung des »Fremden« selbst scheint auf den ersten Blick den Jugendstilklischees zu folgen: aus den in der bildenden Kunst gerade modisch gewordenen Versatzstücken, der »Gebärde«, die »lässig« zu sein hat, und Gliedern, die Gelenke vermissen lassen sollen, ist eine für den Jugendstil typische Figur zusammengesetzt. Ihr Umriß ist geprägt durch die den untergründigen »Lebensstrom« bändigende »Linie«. Trotzdem ist die Gestalt alles andere als ein Klischee: sie läßt vielmehr erkennen, *welche* zentrifugalen Kräfte es sind, die im Jugendstil noch einmal mit ästhetischen Mitteln zusammengehalten werden. Die einander widersprechenden, auf Unterwürfigkeit, Stolz, Vitalität und Aufsässigkeit verweisenden Züge des Fremden erinnern an die von Standesdünkel, aber auch von

Angst diktierten Verse, die Hofmannsthal beim Anblick der demonstrierenden Arbeiter niedergeschrieben hatte; mit dem Unterschied, daß Andrians Fürst der Erscheinung ganz ausgeliefert ist, ohne die Möglichkeit, sich in ein imaginäres Reich des Schönen zurückzuziehen. Denn aufgrund seiner libidinösen Struktur muß »der Erwin« sich mit dem Fremden identifizieren; dieser leitet den Identifikationsprozeß ein, indem er den jungen Fürsten zuerst aus seinem Glas trinken läßt: ein Gestus, in dem eine vertrauliche, geheime Komplizenschaft andeutende körperliche Annäherung sich verbindet mit einer fernen Reminiszenz an das Unterwerfungsritual des Leibeigenen gegenüber dem Feudalherrn, das ius primae noctis. (Auch das wohl bedeutendste vorrevolutionäre Bühnenwerk, Mozarts »Figaros Hochzeit«, setzt, ein Jahrhundert zuvor, bei diesem feudalen Privileg an.) Daß die körperliche Vertraulichkeit, die der Fremde an den Tag legt, nicht willkürlich ist, muß »der Erwin« selbst erkennen, wenn ihm bei dessen Anblick plötzlich das Bild seiner Geliebten einfällt: als einer Toten. Das »Andere«, das er in ihr vergeblich gesucht hatte, tritt ihm in der Gestalt des Fremden, als sein eigenes Inneres, entgegen: der Fremde ist »das Leben«, dessen »Offenbarung« er in der Imago des Fiakers ahnte, das er in »der Frau« nicht finden konnte – und das er in der Gestalt des Fremden nicht »erkennen« darf. Das Andere ist das Gleiche. Die sinnliche Konstitution läßt sich wohl unterdrücken, in das eigene Innere bannen, aber gerade als unterdrückte nimmt sie an Gewalt zu und wird unwiderstehlich, bis sie schließlich die Grenzen des Ich sprengt und diesem objektiviert, als die eigentliche Wirklichkeit, gegenübertritt. In dieser Bewegung aber vereinigen sich die psychische Struktur des Individuums mit seinen geschichtlich vermittelten Bedingungen.

Wenn Hofmannsthal zurückblickend notierte, das »Hauptproblem dieser sehr merkwürdigen Epoche« habe darin bestanden, »daß Poldy vollständig (ich weniger vollständig, sondern ausweichend, indem ich eine Art

Doppelleben führte) das Reale übersah (...), er wollte es absichtlich nicht beachten, *für nichts ansehen*«, dann ist dieser Feststellung nur hinzuzufügen, daß gerade durch die vollständige Unterdrückung der sozialen Realität deren innere Dynamik unmittelbar evident wird. Es gibt in der gesamten Literatur, die mit dem Jugendstil in Verbindung zu bringen ist, kein eindringlicheres Bild der entfesselten und zugleich in überalterten gesellschaftlichen Strukturen eingeschlossenen Produktivkräfte als den schlangengleich sich windenden Körper des Fremden. Was der Jugendstil harmonistisch, als »Lebensstrom«, zu glätten versucht, wird bei Andrian als tobendes Chaos einander widerstreitender gesellschaftlicher Kräfte sichtbar. Der »Garten der Erkenntnis« ist die Innenansicht des Jugendstils. Ihre Eindringlichkeit bezieht sie daraus, daß die – im Sinne Nietzsches – »widernatürlichen« Triebenergien, mit dem stärksten Tabu belegt, hier die Grenzen der im Medium der Kunst zugelassenen »Entgrenzung« sprengen. Der Satz, der das Leiden des an einer Art Auszehrung dahinsiechenden Erwin abschließt: »So starb der Fürst, ohne erkannt zu haben«, bringt nichts anderes zum Ausdruck als die Gewalt des Erkenntnisverbots, die auf den ästhetischen Entgrenzungsphänomenen lastet. Hieraus bezieht der Titel, der im Text kaum Erläuterung findet – allenfalls kann der schlangengleich sich windende Fremde als Anspielung auf den biblischen Mythos verstanden werden –, sein Recht; auch wenn Andrian in einer 1919 verfaßten Vorrede ihn gern gegen »Das Fest der Jugend« ausgetauscht hätte. Der Fürst ist der verbotenen Erkenntnis teilhaftig geworden, aber gerade das durfte er nicht erkennen.

V

Entgrenzung und Disziplinierung

Der Kaiser und das süße Mädel – Die weiße Fürstin und der Pornograph – Ad spectatorem – Das Motiv des Reigens bei Schnitzler und Hofmannsthal

Wenn in Andrians Erzählung das eigentliche Erkenntnisziel, die geschichtliche Wirklichkeit in der Gestalt der inneren und äußeren Natur, mit einem Verbot belegt ist – der »Fremde« wird, bei der letzten Begegnung, zum »Feind« schlechthin, dem der Tod des Fürsten unmittelbar folgt –, so ist damit das Gesetz bezeichnet, unter dem die Kunst des Jugendstils steht: ihr fällt die in sich widersprüchliche Aufgabe zu, dem Individuum das subjektive Gefühl der Befreiung innerhalb einer als erstarrt und beengend erfahrenen Realität zu vermitteln, diese jedoch zugleich in ihrer Struktur unangetastet zu lassen. In Hofmannsthals »Märchen der 672. Nacht«, das unmittelbar unter dem Eindruck des »Gartens der Erkenntnis« entstand, überfällt den Kaufmannssohn unter den Augen der ihn schweigend beobachtenden Dienerschaft eine »furchtbare Beklemmung (...), eine tödliche Angst vor der Unentrinnbarkeit des Lebens. Furchtbarer, als daß die ihn unausgesetzt beobachteten, war, daß sie ihn zwangen, in einer unfruchtbaren und so ermüdenden Weise an sich selbst zu denken.« Das Ich rebelliert gegen den Zwang, unter Preisgabe eines gelösten und beglückenden Umgangs mit sich selbst und mit anderen alle Energien auf die Durchsetzung der eigenen Interessen verwenden zu müssen: gegen jenes Prinzip also, dem die Generation der robusteren, wirtschaftlich erfolgreichen Väter ohne Skrupel gehorcht hatte. Die Rebellion gegen die zwanghaft erstarrte Individuation – auch Hofmannsthals Gestalt wird in einem vorstädtischen Milieu, aus dem allerdings alle Spuren Wiens getilgt sind, vom Schicksal ereilt – wird jedoch von Ängsten eingeholt, die die Bedrängnis durch die vorgefundenen Lebensumstände noch übertreffen. »Er begriff zum erstenmal«, heißt es im weiteren Verlauf der Geschichte plötzlich, »was ihn als Knabe immer zum Zorn gereizt hatte, die angstvolle Liebe, mit der sein Vater an dem hing, was er erworben hatte, an den Reichtümern seines gewölbten Warenhauses, den schönen, gefühllosen Kindern seines Suchens und Sorgens, den geheimnisvollen Ausgeburten der undeutlichen tiefsten Wünsche seines Lebens.« Mit beispielloser Deutlichkeit ist hier ausgesprochen, daß die Ängste, die durch das Streben nach »Entgrenzung« ausgelöst werden, sozialen Ursprungs sind: Sorge um den Verlust des Besitzes. So stark die Sehnsucht danach ist, in den alle Verdinglichungen auflösenden »Lebensstrom« einzutauchen, stärker ist letzten Endes doch immer die Furcht, mit den »Dingen« alle Sicherheit zu verlieren. Die Fixierung in eine »gefühllose« Welt wird einer sozial ungesicherten Freiheit vorgezogen.

Hieraus erklärt sich der eigentümlich asketische, ja direkt disziplinierende Zug, der zahlreichen Dichtungen der Jahrhundertwende, insbesondere Hofmannsthals, eigentümlich ist. Die eigene Sinnlichkeit, das Medium, in dem der Lebensstrom am stärksten gefühlt wird, wird unerbittlich abgetötet. In der »Idylle« wie in dem Einakter »Die Frau im Fenster« wird der Ehemann als borniert-philisterhaft bzw. als gewalttätig dargestellt: trotzdem wird ihm das Recht zugesprochen, die Frau, die dem Gefängnis ihrer Ehe zu entweichen versucht, mit äußerster Brutalität umzubringen. Am konsequentesten durchgebildet, auf hohem poetischen Niveau, ist dieses Motiv in »Der Kaiser und die Hexe« (1897). Der Kaiser, der sich während einer Jagd von seinem Hof abgesondert und sich in den Wäldern verirrt hat, ist, wie sich bald herausstellt, auf der Flucht vor sich selber: er ist entschlossen, sich von der »Hexe« (einer Abwandlung der jugendstiltypischen »femme fatale«), der betörend schönen Frau, die ihn während seiner Jünglingsjahre in die Geheimnisse des Geschlechts eingeweiht hatte, zu trennen, um sich in

Zukunft ganz seinen Pflichten als Herrscher und als Familienvater zuzuwenden (tatsächlich existiert am Rande des Geschehens schon eine mit allen Zügen der unzufriedenen Ehefrau ausgestattete Kaiserin, wobei unklar bleibt, wie der Kaiser, trotz seines sehr jugendlichen Alters und der vollen Inanspruchnahme durch die »Hexe«, zu Weib und Kind gekommen sein soll). Allerdings wird die »Hexe« Gewalt über ihn behalten, falls es ihr gelingen sollte, vor Sonnenuntergang wieder körperlichen Kontakt mit ihm herzustellen.

Meinem Blut wird heiß und bang ...
Wie soll dies aus mir heraus?
Nur mit meinen Eingeweiden!
Denn ich bin darin verfangen
Wie der Fisch, der allzu gierig
Eine Angel tief verschlang.
(...)
Jagen! Jagd ist alles! Schleichen
Auf den Zehen, mit dem Spieß
Eigne Kraft in eines fremden
Lebens Leib so wie der Blitz
Hineinschleudern ... Eine Taube!
Wie sie an den Zweigen hinstreift,
Trunken wie ein Abendfalter,
Kreise zieht um meinen Kopf!
Wo der Spieß? Doch hier der Dolch!
Hier und so!

Natürlich ist es die »Hexe«, die er in der Gestalt der Taube trifft. Das Wild, das ihn hetzt und das er erlegen will, ist die eigene Sinnlichkeit, projiziert in die Gestalt einer Frau. Die Jagdmetaphorik ermöglicht es, die Ambivalenz dieses Vorgangs bildhaft zu erfassen. Der Wurf mit dem Speer bzw. mit dem Dolch – die Symbolik ist überdeutlich – erlaubt es einerseits, sexuelle Phantasien aggressiv auszuleben, andererseits kann, da durch den Akt der Vereinigung zugleich das nach außen projizierte eigene Begehren als ichfremdes Element abgetötet wird, der Kaiser sich als entsühnt betrachten und, nachdem alle Fährnisse glücklich überstanden sind, zum Gebet niederknien:

Herr, der unberührten Seelen
Schönes Erbe ist ein Leben,
Eines auch ist den Verirrten,
Denen eines, Herr, gegeben,
Die dem Teufel sich entwanden
Und den Weg nach Hause fanden.

Bei aller Verfremdung und Stilisierung – der anspruchsvolle Autor wird bei dem Motiv des im Walde Verirrtseins wohl an den Anfang der »Göttlichen Komödie« gedacht haben, wo der Dichter sich ebenfalls von dem in Tiergestalt lauernden Laster der Wollust bedroht sieht – hat das Stück doch ein eminent wienerisches Gepräge: wie der Kaiser, das ist die ziemlich handfeste Lehre, die das Stück vermittelt, so hat jeder junge Herr aus großem Hause der Liebelei mit dem süßen Mädel ein Ende zu machen, wenn es ernstlich ans Geldverdienen geht. Alle nicht in der Rationalität von Zwecken und Mitteln aufgehenden Impulse und Strebungen haben sich diesem Ziel unterzuordnen.

Die Gleichzeitigkeit von Eingrenzung und Disziplinierung des Ich ist auch in Rilkes Einakter »Die weiße Fürstin« (1898, 2. Fassung 1904) gestaltet, wenn auch mit künstlerischen Mitteln, die denen Hofmannsthals weit unterlegen sind. Gerade hierdurch jedoch ist das Stück aufschlußreich; es läßt erkennen, daß die Jugendstilthematik aufgrund ihrer in sich widersprüchlichen Struktur sofort in Pornographie umschlägt, wenn die künstlerische Gestaltung unzureichend ist; und daß Pornographie selbst in krasser Form offenbar dann gesellschaftlich tolerierbar ist, wenn die eigentlichen, eher ökonomisch als erotisch verwurzelten Tabus nicht angegriffen werden.

Die Handlung des Stückes, das in einem imaginären Italien der Renaissance situiert ist, besteht in nichts anderem, als daß, in Gesellschaft ihrer Schwester Lara, die weiße Fürstin in dem ans Meer grenzenden Park ihres weißen Marmorschlosses die Ankunft eines Liebhabers erwartet, dem sie durch ein Zeichen zu verstehen geben will, daß ihr Mann verreist ist. Was es mit dem künftigen Liebhaber auf sich hat, warum sie sich gerade für ihn entschied, wie es zu der Verabredung des Rendezvous gekommen ist – jede Motivation überhaupt, die in der Zeit, dem eigentlichen Medium des Dramas, zu entwikkeln wäre, bleibt auf vage Andeutungen beschränkt: »Und die Zeit ist Raum.« Wie in der bildenden Kunst des Jugendstils die Dimension der Tiefe eliminiert wird zugunsten der reinen Fläche, so wird hier, verstärkt durch zahlreiche eingestreute Pausen (die aus dem Text nicht zwingend hervorgehen und daher auch keine zusätzlichen Bedeutungen entstehen lassen), die Zeit, elf Jahre einer Ehe, zu einer schwülen Stimmung aufgestaut. Auf diese Stimmung kommt alles an, und sie hat es, wie sich im Gespräch der Fürstin mit ihrer Schwester herausstellt, in der Tat in sich: während der elfjährigen Ehe hat sich nämlich, im dramatischen wie im volkstümlichen Sinne des Wortes, »nichts abgespielt«. Die Unzulänglichkeit ihres Gemahls – seine »wildere Willkür / stößt / alle die Jahre sich stumpf / an der Türe des Saals« – hat zur Folge, daß sie ihrer erschauernden Schwester gestehen muß: »Ich bin noch unerlöst. (...) Alle meine zarten / Schätze sind unberührt.« Die gesamte dramatische »Handlung« besteht in nichts anderem, als daß dieser Zustand der Unerlöstheit, mit dem es nun ein Ende haben soll, in einem langen Dialog zum Sieden gebracht wird, bis schließlich, indem erotische und religiöse Sphäre kurzgeschlossen werden, der Erlöser selbst sich erbarmt:

Die weisse Fürstin:
glühend
Ich schrie
danach. Meine bräutlichen Kissen

hab' ich mit zitternden Zähnen zerrissen,
und von dem Kreuz aus Ebenholz
schmolz
der silberne Christus los,
so groß
war die Glut
meines Brautgebets.

Noch in der zweiten Fassung, in der Rilke das Gespräch der entfesselten Schwestern immerhin kürzte und ihm durch einen längeren Botenbericht ein gewisses Gegengewicht zu geben versuchte, fehlt dieses Motiv nicht:

In einer solchen Nacht – ich weiß noch – schmolz
von seines Kreuzes Ebenholz
mein Christus los;
so groß war meine Glut: ...
die Arme offen lag er über mir.

Erst die zweite Fassung vollendet das pornographische Element, indem einerseits der körperliche Kontakt der unerlösten Fürstin mit dem Erlöser hervorgehoben, andererseits aber in die Schranken einer vermeintlichen Dezenz zurückgenommen wird: der silberne Christus, der hier plötzlich in Lebensgröße erscheint (und durch sein Gewicht die Fürstin mithin hätte erschlagen müssen), verharrt in der Haltung des Gekreuzigten, so daß es zu einer eigentlichen »Umarmung« nicht kommt. Wäre der Begriff der Pornographie zu definieren, so könnte auf dieses Bild als exemplarischen Beleg zurückgegriffen werden: Pornographie ist die Einheit von kleinbürgerlicher Enthemmtheit und scheinheiliger Wohlanständigkeit.

Trotzdem bleibt erstaunlich, daß diese immerhin ungewöhnliche Geschmacklosigkeit ohne Folgen blieb – über einen Skandal nach der Veröffentlichung ist nichts bekannt –, vergleicht man sie etwa mit der Tatsache, daß, noch mehr als zwei Jahrzehnte später, im Prozeß um

Schnitzlers »Reigen« das Gebet der Schauspielerin zur Madonna (die sie als ihren »Talisman« bezeichnet) das größte Ärgernis hervorrief. Dieser Umstand läßt sich wohl nur dadurch erklären, daß das pornographische Element bei Rilke, anders als bei Schnitzler, der die vordergründige Wohlanständigkeit selbst in Frage stellt, in einem repressiven Rahmen verbleibt, durch den die gesellschaftliche Struktur insgesamt als bestätigt angesehen werden kann.

Dabei kommt einem zweiten Motiv, durch das die schwüle Atmosphäre – zunächst – noch weiter verdichtet wird, besondere Bedeutung zu. Ein in der Malerei wie in der Literatur der Jahrhundertwende häufig anzutreffendes Bild, das der Darstellung »unerlöster« weiblicher Sinnlichkeit dient – Walther Killy hat ein Beispiel in seine Sammlung »Deutscher Kitsch« aufgenommen –, ist die Frau, die am Meeresufer die heranrollende Woge erwartet. (Noch Schnitzlers Fräulein Else – hier allerdings ist das Bild als Klischee gekennzeichnet – träumt davon, zu Füßen einer luxuriösen Villa auf einer Marmortreppe sich des Meeres und der Liebe Wellen hinzugeben.) Auch Rilke bedient sich dieses Bildes, indem er die weiße Fürstin ständig zum Meer hin agieren läßt. »In ihren Augen ist das ganze Meer. Ihm entbreitet sie die Arme.« In der zweiten Fassung: »Sie hebt langsam die Arme und hält sie eine Weile weit ausgebreitet.« Diese Haltung ist natürlich dadurch motiviert, daß ihr Liebhaber per Schiff anreisen wird. Die besondere Gestalt, die Rilke dem Motiv gibt, besteht nun darin, daß er die Bühnenrampe mit dem Meeresufer zusammenfallen läßt: »Die Vorderbühne überbrandet das Meer, welches von der Seite des Zuschauers her, gegen die Scene wogt und die Steine des Strandes mit kleinen, gleichmäßig atmenden Wellen schlägt.« Die Fürstin spricht ihre züngelnden Worte also nicht in imaginäre Weiten, sondern richtet sie direkt an den Zuschauer. Dieser Trick ist von einer zwar nicht sublimen, dafür aber gerissenen Genialität. Denn es kann nicht ausbleiben, daß der (männliche) Zuschauer, unmittelbar angesprochen, sich selbst an die Stelle des von der bebenden Fürstin sehnsüchtig erwarteten Liebhabers versetzt. Indem er die ästhetische Distanz zum Werk einzieht, verwirklicht Rilke exemplarisch, was der Jugendstil als sein eigentliches Ziel proklamiert: die Einheit von Kunst und Leben. Diese Iphigenie sucht nicht das Land der Griechen, schon gar nicht mit der Seele, sondern bietet dem Zuschauer einen reellen Gegenwert für das Geld, das er für sein Eintrittsbillett erlegt hat. Seiner Größenphantasie sind bei diesem Identifikationsangebot keine Grenzen mehr gesetzt, und wenn er vorurteilsfrei genug ist, mag er sich sogar – eine männliche Lieblingsphantasie, der auch Nietzsche geneigt war – an die Stelle des vom Kreuz geschmolzenen Christus versetzen.

Nicht ganz. Denn wenn Rilke auch, in der Wahl seiner Mittel weit skrupelloser als Hofmannsthal, den Prozeß der Entgrenzung weit vorantreibt, so ist doch auch bei ihm dafür gesorgt, daß die ästhetische Illusion sich nicht an die Stelle der Wirklichkeit setzt. Der Auftritt eines Mönchs kündigt an, daß die Fürstin der Pest verfallen ist. »Aus den Büschen tritt (...) der Frate der Misericordia, die Maske vor dem Gesicht, (...) und schreitet sicher und streng, *den Rücken gegen das Meer,* mitten in der Allee zum Schlosse hin.« Daß die Fürstin der gerechten Strafe verfällt, versteht sich fast von selbst. Bedeutsamer ist die Warnung an den Zuschauer, die durch die Kunst verheißene Erfüllung ihres scheinhaften Charakters entledigen zu wollen. Aber Rilke geht noch einen Schritt weiter. Indem er die ästhetisch aufgereizte Vorlust bis hart an die Grenze der Erfüllung führt und diese erst im letzten Augenblick mit Krankheit und Tod gleichsetzt, beschädigt er das Bild der Erfüllung selbst: Hedonismus und Impotenz gehen ineinander über. Gerade die entfesselte Phantasie soll sich selbst genug sein; ihr Reichtum soll die Grenze zur Realität, die von Mangel und Versagung geprägt ist, um so deutlicher markieren.

Das Thema Sexualität und Gesellschaft legt es nahe, auch Schnitzlers »Reigen« einmal in der Perspektive des Jugendstils zu sehen. Schon für sich genommen, ist das Motiv des Reigens, in dem mehrere Menschen sich zu einem einzigen Ornament verbinden, ein für den Jugendstil charakteristisches Motiv. Die berühmt-berüchtigten Gedankenstriche, die jede Szene in ein »Vorher« und ein »Hinterher« unterteilen, bilden gleichsam die jugendstiltypische »Linie«, die die auftretenden Gestalten miteinander verbindet; sie entspringt im Willen zum Leben, der, wie schon Schopenhauer ausführte, im Zeugungsakt seine »entschiedenste Bejahung« findet. »Allein schon die Befriedigung des Geschlechtstriebes geht über die Bejahung der eigenen Existenz, die eine so kurze Zeit füllt, hinaus, bejaht das Leben über den Tod des Individuums in eine unbestimmte Zeit hinaus.« Die Dirne und der Soldat, der Soldat und das Stubenmädel, das Stubenmädel und der junge Herr, der junge Herr und die junge Frau, die junge Frau und der Ehemann, der Ehemann und das süße Mädel, das süße Mädel und der Dichter, der Dichter und die Schauspielerin, die Schauspielerin und der Graf, der Graf und die Dirne – sie alle haben für einen Augenblick an der Totalität des Lebens teil; die strenge Herrschaft des principium individuationis wird relativiert.

Stubenmädel . . . Ich kann dein G'sicht gar nicht sehn.
Soldat A was – G'sicht . . .

Schon diese kurze Szene zeigt allerdings, daß Schnitzler, indem er auf die Jugenstilthematik zurückgreift, deren übliche Bedeutung ironisch in ihr Gegenteil verkehrt: gerade die Frau, die nach den Vorstellungen der Zeit der Individuation noch nicht ganz teilhaftig, in Natur befangen ist (so Otto Weininger in »Geschlecht und Charakter«, Karl Kraus, auch Schnitzler selbst in seiner frühen Erzählung »Die Braut«), will sich hier mit der Auslöschung der Person nicht zufriedengeben. Die Brutalität des Soldaten dagegen läßt bereits absehbar werden, daß das gesellschaftliche Substrat der von der Kunst des Jugendstils angestrebten Vereinigung mit der Lebenstotalität Teil jenes Prozesses einer gewaltsamen Entdifferenzierung ist, durch den die entstehende Massengesellschaft beherrschbar gehalten werden soll. Überhaupt ist der »Reigen« die Kritik der durch den Jugendstil propagierten Illusion, in einem geschichtlich und sozial vermittelten Lebenszusammenhang könne es ein Reservat ursprünglicher Natur geben. Sexualität wird in Schnitzlers Stück der weit fortgeschrittenen »Vergesellschaftung« der Menschen (Simmel) nicht abstrakt gegenübergestellt: der Akzent liegt nicht darauf, daß die den verschiedenen Klassen entstammenden Gestalten vor der Gewalt des Eros alle »gleich« werden, vielmehr wird das scheinbar Gleiche in seinen verschiedenartigen, vor allem sprachlich vermittelten Ausformungen vorgeführt. Indem Gesellschaftsstruktur, Sexualität und Sprache als unauflösbar ineinander verschränkt gezeigt werden, kritisieren sie sich gegenseitig, ohne daß der Prozeß der Kritik abgebrochen würde durch ein Ausweichen in einen von diesem Zusammenhang scheinbar ausgenommenen Bereich. Denn von der abstrakten Vorstellung eines Lebensstroms unterscheidet Sexualität sich dadurch, daß sie mit Geschichte vermittelt und durch sie modifiziert ist. (Interpretationen des »Reigen« als »Totentanz«, wie sie von Heinz Politzer und, im Anschluß an ihn, von Helga Schiffer vorgelegt worden sind, sind daher grundsätzlich verfehlt.) Das Eintauchen in *diesen,* historisch determinierten, Lebensstrom bringt es mit sich, daß soziale Differenzen gerade nicht »untergehen«, sondern, im Gegenteil, erst recht sichtbar werden. Auch dort, wo Schnitzler den Lebensstrom zum Gegenstand eines Werks macht, weigert er sich, die Immanenz der Gesellschaft zu verlassen: und eben hierdurch gelingt es ihm, sie zu transzendieren.

Auch Hofmannsthals etwa gleichzeitig mit Schnitzlers Stück entstandenes »Kleines Welttheater« ist ein Reigen, mit dem Unterschied, daß die hier auftretenden Personen

– der Dichter, der Gärtner, der junge Herr, der Fremde, das Mädchen, der von einem Diener und einem Arzt begleitete Wahnsinnige – nicht zueinander in Beziehung treten, sondern die Bühne wieder verlassen, nachdem sie ihren Monolog gesprochen haben. »Die Bühne stellt den Längsschnitt einer Brücke dar, einer gewölbten Brücke, so daß die Mitte höher liegt als links und rechts. Den Hintergrund bildet das steinerne Geländer der Brücke, dahinter der Abendhimmel und in größerer Ferne die Wipfel einiger Bäume, die Uferlandschaft andeutend.«
Das Bühnenbild zeigt bereits die Intention des Stücks an: keine sozialen Beziehungen sollen dargestellt werden, vielmehr ist es die Absicht des Autors, seine Gestalten, in unmittelbarer Berührung mit dem durch den Fluß symbolisierten Lebensstrom, ihre Stellung zur Totalität des Lebens aussprechen zu lassen. Der Ort bleibt unbestimmt, jedoch teilt sich durch die unverwechselbare Form der Brücke dem ganzen Stück eine – nur angedeutete – venezianische Atmosphäre mit: Venedig ist in Hofmannsthals poetischer Topographie (etwa in dem Romanfragment »Andreas oder die Vereinigten«) der Ort, an dem die Person hinter der Maske verschwindet, Sein und Schein ineinander übergehen. »Welttheater« heißt das Stück, weil die Gestalten (wie im Zeitalter des Barock) eine »Rolle« spielen, die ihrer Stellung zum Ganzen des Lebens entspricht.
Im Unterschied zu Schnitzlers Stück, wo die Gestalten ausnahmslos nach ihrer gesellschaftlichen Stellung bzw. Funktion bezeichnet sind, werden in Hofmannsthals Reigen nur solche Strukturelemente verwendet, die sich auf organisches Leben bzw. auf dessen Altersstufen beziehen. Der außerordentliche ästhetische Reiz des Stücks, seine in sich ruhende, harmonische, befriedete Stimmung, wird dadurch noch verstärkt, daß diese organischen Elemente, in denen historische Erfahrungen allenfalls als ferne Reminiszenzen durchschimmern, ihrerseits symmetrisch angeordnet sind.

Die Achse des Stückes bildet das in der Gestalt des »Fremden« verkörperte Mannesalter. Der Fremde ist gekleidet wie ein »geschickter Handwerker, etwa ein Goldschmied«; sein Impuls ist, aus den Gestalten, die das Wasser unter ihm bildet und zugleich wieder vergehen läßt, eine auszuwählen und ihr eine dauernde Form zu geben.

Mich überkommt ein ungeheurer Rausch,
Die Hände beben, solches nachzubilden,

Nur ist es viel zu viel, und alles wahr:
Eins muß empor, die anderen zerfließen.
Gebildet hab ich erst, wenn ichs vermocht,
Vom großen Schwall das eine abzuschließen.

In einem Leibe muß es mir gelingen,
Das unaussprechlich Reiche auszudrücken,
Das selige Insichgeschlossensein:
Ein Wesen ists, woran wir uns entzücken!

Er ist gleichsam der ältere Bruder des zu Beginn des Stückes auftretenden Dichters, der von Visionen, die ihm an der abendlichen Flußlandschaft zuteil werden, heimgesucht wird, aber sie nicht zu gestalten vermag. In dieser Anordnung Dichter – Fremder zeigt sich die hohe Formkunst Hofmannsthals: der Dichter bleibt außerhalb der symmetrischen Anordnung der Figuren; alle auftretenden Gestalten, so scheint aus dieser Konstellation zu folgen, sind nur Projektionen aus seinem eigenen Inneren. Der Haltlosigkeit und Unverbindlichkeit, die sich hieraus ergeben könnten, wirkt Hofmannsthal dadurch entgegen, daß er dem der Form noch nicht mächtigen Dichter den formenden, in handwerklich-artistischer Arbeit erfahrenen Fremden, in dem sich das »dionysische« Prinzip, der »Rausch«, mit dem »apollinischen« des »Bildens« vereinigen, gegenüberstellt: auf diese Weise wird, ohne daß der in dem Brief an Beer-Hofmann formulierte Anspruch des Künstlers, eine eigene Welt in die Welt »hineinzubauen«, aufgegeben würde, ihm doch ein objektivierendes Moment hinzugefügt. Ansatzweise zeigt sich hier bereits, was Beer-Hofmann in seinem Roman »Der Tod Georgs« systematisch betreiben wird, die Korrektur des Ästhetizismus aus sich selbst heraus.

An den Seiten der dem Stück Halt gebenden Achse – dem »apollinischen« Element – sind die Figuren angeordnet, die das – aus dem Prinzip der Selbsterhaltung folgenden – Gebot der Formgebung der Lebenstotalität (und damit ihrer Fragmentierung und Verhärtung) in Frage stellen. An den jungen Herrn und das Mädchen, die einem »Noch nicht« entsprechen, schließen sich der Gärtner auf der einen, der Wahnsinnige auf der anderen Seite an; sie verkörpern das »nicht mehr« Festhalten am principium idividuationis. Auch hier bewährt sich Hofmannsthals Formniveau; die Symmetrie wird in beiden Fällen nicht bis zur identischen Übereinstimmung geführt, sondern durch ein differierendes Moment aufgelockert: im Falle des »Noch nicht« ist es die Polarität der Geschlechter, die die innere Dynamik der symmetrischen Ordnung bewahrt; die Positionen des »Nicht mehr« unterscheiden sich dadurch, daß der Gärtner, ein ehemaliger Kaiser oder König, nur die bis zur Herrschaft über andere gesteigerte Selbstsetzung negiert hat; der Wahnsinnige hingegen hat die Individuation überhaupt hinter sich gelassen. Der Gärtner hat die durch Herrschaft verlorene Einheit mit der Natur wiederhergestellt, der Wahnsinnige sprengt noch die Grenze organischen und anorganischen Seins; über ihn sagt der Diener, den Begriff des »Reigens« einführend:

> Diese letzte Schale wegzureißen,
> Einen unerhörten Weg zu suchen
> In den Kern des Lebens, dahin kammt er.
> (. . .)
> Und vor ihm beginnt der brüderliche
> Dumpfe Reigen der verschlungnen Kräfte
> In der tiefsten Nacht mit glühendem Munde

Unter sich zu reden: Wunderliches,
Aus dem Herzblut eines Kindes quellend,
Findet Antwort in der Gegenrede
Eines Riesenblocks von dunklem Porphyr!

Beide Gestalten, der ehemalige Herrscher, der nun als Gärtner die Natur kultiviert, wie der Wahnsinnige kritisieren das Identitätsprinzip, das gleichwohl durch das Stück als Ganzes ohne Zwang, als durch Kunst vermittelte und dadurch von unmittelbarer Zweckrationalität befreite Formgebung, erhalten bleibt. Eine Symmetrie der Form, deren innere Dynamik gewahrt bleibt, und ein Inhalt, dessen dionysische Allverbundenheit durch die, wie es heißt, »unbeschreibliche Anmut« des Wahnsinnigen gedämpft wird, treten zu einem Werk zusammen, dessen künstlerisches Niveau das der anderen lyrischen Dramen Hofmannsthals übersteigt.

Das Streben des Jugendstils nach Entgrenzung ist hier sehr weitgehend verwirklicht, ohne daß der übliche Preis, die nachdrückliche Disziplinierung der in ästhetisch vermittelte Freiheitsräume ausschweifenden Subjekte, entrichtet wäre. Tatsächlich gelingt an einer Stelle sogar ein Einblick in die Zusammenhänge, die das psychische Grundübel, unter dem die jungen bürgerlichen Autoren der Epoche am meisten leiden, den Narzißmus, hervorgebracht haben. Anders als zur Zeit seiner Existenz als Herrscher – so rühmt der Gärtner seine neue Existenz – sei es ihm nun möglich, Natur unmittelbar zu erfahren:

Und noch ein Größres widerfährt mir auch:
Daß an den Blumen ich erkennen kann
Die wahren Wege aller Kreatur,
Von Schwach und Stark, von Üppig oder Kühn
Die wahre Art, wovon ich früher nur
in einem trüben Spiegel Spuren fand,
Wenn ich umwölkt von Leben um mich blickte:

Denn alle Mienen spiegelten wie Wasser
Nur dies: ob meine zürnte oder nickte.

Nun aber webt vor meinen Füßen sich
Mit vielen Köpfen, drin der Frühwind wühlt,
Dies bunte Leben hin: den reinen Drang
Des Lebens hab ich hier (. . .)

Weil den Beherrschten nichts anderes übrig bleibt, als sich dem Herrschaft Ausübenden anzugleichen, sieht dieser überall nur sich selbst; der Narzißmus, an dem Hofmannsthals Gestalten, allen voran Claudio in »Der Tor und der Tod«, leiden; ihre Unfähigkeit, einen anderen Menschen nicht nur als Mittel, sondern als »Selbstzweck« (Kant) anzuerkennen, ist nicht, wie Richard Alewyn meint, eine moralische Verfehlung; vielmehr hat narzißtisches Verhalten seinen Grund in der Struktur einer Gesellschaft, in der alle sich nach einem Prinzip ausrichten müssen, das nicht in ihnen selbst beschlossen ist. Die Beherrschten werden auf diese Weise sich selbst unerkennbar, die vom Prinzip der Herrschaft Begünstigten vermögen außer sich selbst nichts mehr wahrzunehmen.

Daß in seinem »Kleinen Welttheater« Hofmannsthal sich so weit vorwagen kann, hat seinen Grund natürlich darin, daß in diesem Stück auf Sinnlichkeit als Medium der Erkenntnis, der Entgrenzung des in sich verschlossenen Ich, gänzlich verzichtet ist; die Sanktionen, mit denen durch Sinnlichkeit vermittelte Erkenntnis sonst – in dem im selben Jahr entstandenen Stück »Der Kaiser und die Hexe«, auch bei Andrian und Rilke – belegt ist, können hier suspendiert bleiben. Dadurch unterscheidet sich das »Kleine Welttheater« von dem ein Vierteljahrhundert später entstandenen »Salzburger großen Welttheater«, einer reaktionären, künstlerisch dürftigen Nachahmung der barocken Theatrum Mundi-Allegorie; hier wird dem nach dem Grund für die ungerechte Einrichtung der Welt fragenden Bettler kurz und bündig beschieden: »Es hat sein müssen. Trotzigem Warum / Bleibt der saphirene

Gerichtshof stumm«. Trotzdem ist schon in dem frühen Stück die Wendung zur unverblümten Verherrlichung des Ständestaats angelegt. »Erst dem reinen, nicht mehr ichsüchtigen Erkennen ist die unbefangene Anteilnahme an der reinen Natur vergönnt«, schreibt Benno von Wiese. Damit ist die Intention des Autors zwar treffend wiedergegeben, der ideologische Gehalt des Stücks indessen verfehlt. Denn so wenig es ein »reines«, vom Subjekt abstrahierendes Erkennen gibt, so sehr ist der Gedanke, zu einer »reinen« Natur gelangen zu können, eine Illusion. Gerade indem Hofmannsthal suggeriert, es sei möglich, einen durch Herrschaft geprägten Zustand unmittelbar wieder in einen reiner Natur zu überführen – ein Gedanke, der ein knappes Jahrhundert später wieder an Aktualität gewonnen hat –, bereitet er die erneute Anerkennung von Herrschaft als Natur vor.

VI

Abgründe einer Speisenkarte

Soziale Abgrenzungen – Zurückdrängung der Natur – Leere Unendlichkeit der Phantasie – Die Tragödie der Kultur – Hinwendung zum »Leben«

Wie Norbert Elias in seiner Untersuchung »Über den Prozeß der Zivilisation« insbesondere am Verhältnis von höfischer Aristokratie und Bürgertum im 16. bis 18. Jahrhundert dargestellt hat, ist der »ständige Auftrieb von unten und die Angst, die er oben erzeugt, (...) eine der stärksten Triebkräfte jener spezifischen, zivilisatorischen Verfeinerung«, durch die die Angehörigen der Oberschicht die Distanz zur aufsteigenden Klasse aufrechtzuerhalten versuchen. Daraus folgt für die Angehörigen des Bürgerstandes, daß sie den Adel und seine Manieren ständig nachzuahmen versuchen. »Eben damit aber werden ständig Verhaltensweisen, die oben im höfischen Kreise ausgebildet worden sind, als Unterscheidungsmittel unbrauchbar, und die maßgebenden Adelsgruppen werden zu einer weiteren Durchbildung des Verhaltens gedrängt.« Dieser Abgrenzungsprozeß wird jedoch dadurch immer schwieriger, daß den abendländischen Gesellschaften allmählich das wichtigste Unterscheidungsmerkmal zwischen Ober- und Unterschicht, der Zwang zur Arbeit, abhanden kommt. Während früher die Arbeit Merkmal der unteren Schichten war, bringt die Entwicklung es mit sich, daß »allmählich die abendländische Gesellschaft als Ganzes eine reguliert arbeitende Gesellschaft« wird. Da auf diese Weise der Bereich, in dem Differenzierung des Verhaltens überhaupt noch möglich ist, immer kleiner wird, sind die Angehörigen der Oberschicht gezwungen, eine »Selbstkontrollapparatur« auszubilden, »die durch einen Zaun von schweren Ängsten Verstöße gegen das gesellschaftliche Verhalten zu verhindern sucht«. Das Vorrücken der Scham- und Peinlichkeitsgrenze deutet Elias als Konsequenz dieser Entwicklung: immer mehr Verhaltensweisen werden als mit der Oberschicht unvereinbar angesehen, und das Gefühl von Scham und Peinlichkeit verhindert den Verstoß gegen diese Normen.

Verlängert man die von Elias gezeichneten Entwicklungslinien bis in die zweite Hälfte des 19. Jahrhunderts, so werden nicht nur gesellschaftliche Verhaltensweisen wie etwa die hysterische Prüderie im viktorianischen England verständlich, sondern es ergeben sich auch wichtige Elemente zu einer Theorie des Ästhetizismus. Besonders in Österreich, wo durch den Kompromiß zwischen Adel und Bürgertum die Verhaltensgrenzen zwischen den Angehörigen aristokratischer und bürgerlicher Schichten fließend geworden waren, mußten die Normen, durch die die Oberschicht sich auswies, in dem Maße rigider werden, wie sie als willkürlich gesetzt erkennbar wurden. So ist die Institution des Duells, ursprünglich eine typische Norm des Adels, durch die eine sich als Kaste von Kriegern verstehende Klasse sich gegen Eindringlinge von außen wehrte, mit dem Bürgertum eigentlich unvereinbar, da eine bürgerliche, das heißt warenproduzierende und handeltreibende Gesellschaft auf eine von unmittelbarer Gewaltanwendung freie Ordnung angewiesen ist. Das Prinzip des Tausches macht es notwendig, die Anwendung von Gewalt an genaue Regeln zu binden, deren einheitliche Anwendung dadurch garantiert ist, daß einer einzigen Institution, dem Staat, Gewaltausübung als Monopol zugesprochen wird. In diesem Sinne kritisiert Schopenhauer nachdrücklich das im 19. Jahrhundert auch außerhalb des Militärs zum Zwang gewordene Duell als jeder historischen Legitimation entbehrend. Daß das Bürgertum dennoch die Einrichtung des Duells übernahm, ist darauf zurückzuführen, daß durch die Definition der »Satisfaktionsfähigkeit«, die die Teilhabe an dieser Einrichtung regelte, sich eine Oberschicht, bestehend aus Adel, Militär und akademisch gebildetem Bürgertum abgrenzen ließ. Spätestens der »Waidhofener Beschluß« (1896) der österreichischen Studentenschaft, durch den den Juden die Satisfaktionsfähigkeit abgesprochen wurde, ließ erkennbar werden, daß es sich bei dem Duell nicht um eine Waffe zur Verteidigung der Ehre, sondern zur Abwehr unliebsamer Konkurrenz handelte.

Nicht weniger als das Duell steht der Ästhetizismus im Dienst sozialer Abgrenzung. Den für ihn charakteristischen Gestalten – Claudio in Hofmannsthals »Tor und Tod«, Erwin in Andrians Erzählung, Anatol in Schnitzlers Einakterzyklus, Paul in Beer-Hofmanns früher Erzählung »Das Kind«, der gleichnamigen Gestalt im »Tod Georgs« – ist gemeinsam, daß sie keinen bürgerlichen Beruf ausüben und über unbegrenzte freie Zeit verfügen. Insofern eignet ihnen ein Moment legitimer Kritik an einer Gesellschaft, die sich nur noch als arbeitende begreift und die Produktion als Selbstzweck setzt. Dieses Moment wird jedoch dadurch überlagert, daß im Ästhetizismus der Zwang, durch immer feinere Differenzierung des Verhaltens die Abgrenzung einer Oberschicht zu bewahren, einen äußersten Punkt erreicht; nunmehr wird erkennbar, daß die von Elias beschriebene Anhebung der Scham- und Peinlichkeitsschwelle nicht unendlich fortführbar ist. Scham und Peinlichkeit sind ein sekundäres Mittel sozialer Abgrenzung; sie treten verstärkt erst dann auf, wenn die unmittelbare Unterscheidung zwischen einer kriegerischen, nicht arbeitenden Oberschicht und einer arbeitenden Unterschicht nicht mehr absolut gilt. Von nun an vollzieht sich soziale Differenzierung auf Kosten der Natur: was durch Scham und Peinlichkeit als unvereinbar mit einer differenzierten, sozial hochstehenden Verhaltensweise erklärt wird, wird in zunehmendem Maße mit unmittelbarer, unveredelter Natur gleichgesetzt. Ästhetizismus ist daher definierbar als jene äußerste Form von Differenziertheit – und damit von sozialer Herausgehobenheit –, die durch völligen Verzicht auf Natur erreicht wird.

»Wir leben in geistiger Beziehung«, merkt Hofmannsthal einmal selbstkritisch an, wie »Cocotten, die nur französischen Salat und Gefrorenes essen.« Wenn, wie Elias anhand der Entwicklung der Tischsitten zeigt, ursprünglich ganze Tiere vor aller Augen an der Tafel zerteilt wurden, so wird allmählich die Zurschaustellung größerer Stücke unzerteilten Fleisches als unschicklich empfunden; im Briefwechsel zwischen Hofmannsthal und Beer-Hofmann wird auf unfreiwillig parodistische Weise deutlich, daß schließlich *jede* Nahrung als unterschwellig peinliche Natur empfunden wird. Beer-Hofmanns schon von Karl Kraus in der Satire »Die demolirte Literatur« ironisierte Neigung, das eigene Leben so sorgfältig zu stilisieren, daß keine Energie zu künstlerischer Produktion übrigbleibt, veranlaßt Hofmannsthal stets aufs neue, den bewunderten, ja geliebten Freund zur Arbeit zu ermahnen: Die »Ungeduld über Ihr Nichtarbeiten (...) ist eigentlich die wichtigste Verstimmung meiner Existenz. (...) Es hat für mich etwas so entmutigendes, Sie nur fortwährend das Dasein mühsam von sich abwehren zu sehen, daß ich manchmal ganz verzagt werde.« Die gleiche Sorge provoziert ihn schon 1894, an den in Italien weilenden Beer-Hofmann die scherzhafte Frage zu richten: »Essen Sie auch wirklich italienische Kost? mich interessiert das als Symptom Ihrer Begabung. Wenn Sie Hotelkost essen, weiß ich, daß Sie nie mehr als einen Menschentypus zu gestalten im Stand sein werden. Ach ja.« Daß der Seufzer nicht ganz unbegründet ist, zeigt Beer-Hofmanns Antwort:

»Sind Sie übrigens ruhig: Wenn ich auch manchmal Abends im Hôtel *speise* – weil man das muß – Mittags, *esse* ich immer italienisch: Gemüse, die Größenwahnsinn haben; bei uns zu Hause ist ihr Loos, zur Suppe gekocht zu werden – hier erscheinen sie prunkvoll ausgestattet – mit Titeln und Würden. Dann, ungeheuer gemütliche Fleischspeisen – nicht englisches Fleisch, oder Spieß und Rostbraten, die sich nur einen Augenblick lang, wie bei einem Etiquette-Besuch aufs Feuer gesetzt haben, oder vornehm darüber hinweg gegangen, und feierlich hinweg getanzt sind, – sondern Speisen, die's sich bequem gemacht haben; ganz dicht, behaglich haben sie sich ans Feuer herangerückt, bis sie mürbe geworden sind, und familienhaft schmecken; zärtlich klebt das Gemüse an ihnen, und in weichem Empfinden zergehen sie in braunem Saft. Der Käse – das ist hier nicht etwas, was verwesen will, übel riecht, und von den Damen beim Dessert refüsiert wird; hier muß man an saftige grüne Alpenwiesen mit herbem Kräuterduft denken, und wohlgenährte Kühe, und gesunde Animalität. Und dann das Obst! Aber das ist wirklich herrlich. Denken Sie: blasse, lichtgrüne, anämische Feigen, zart, mit graziöser Schlankheit, und man muß sie öffnen, um zu sehen, wie ungeahnt feurig rot sie innen sind, und Trauben, mit großen Beeren, schwarz und üppig wie Negerinnenbrüste; sie duften nach Himbeeren, daß das Hirtenkind, das den alten König geheiratet, zu weinen beginnt, wenn der Page die goldene Schüssel mit diesen Trauben bringt; denn so, dufteten die gelben Himbeeren, die sie im Gestrüpp, von Bienen umschwärmt, mit den Zähnen vom Strauch pflückte, wenn sie die Schafe weidete, – und dann, lichte Trauben, wie wolkiger Bernstein, und gelbgrüner Chrysopras – nichts zum Essen mehr – nur Schmuck, und nach Muskat duftend: solche, brachten die heiligen drei Könige der Jungfrau Maria mit, und ihr Duften erinnert an Chrysam und Weihrauch und arabischen Balsam, den die Marias aus Magdala in kleinen Fläschchen aus Alabastron zwischen den Brüsten tragen; aber die Jungfrau Maria, die sie ißt, weiß nichts davon, und sie weiß auch nicht, daß es nach Jahrtausenden, nach alldem in großen Tempeln duften wird, in denen man vor der Marter ihres Sohnes kniet, und vor ihrem Schmerz, der Schönheit geworden ist – und auch vor den heiligen drei Königen aus Morgenland, die man sieht, wie sie der Jungfrau Maria Trauben bringen, die nach Balsam duften, und Chrysam, womit man die Könige in Israel salbt, und Weihrauch.«

Was als Scherz gemeint ist, löst Beklemmung aus, weil es unfreiwillig den hoffnungslosen Versuch des ästhetizistischen Künstlers demonstriert, mit Hilfe einer entfesselten Phantasie einer sinnlichen Wirklichkeit habhaft zu werden, die in immer weitere Fernen entrückt wird, je größere Anstrengungen er zu ihrer Vergegenwärtigung unternimmt. Hier ist ein Zwang wirksam, der stärker ist als die erklärte Absicht, »gesunde Animalität« zur Anschauung zu bringen. Zwanghaft wird der Gegenstand der Beschreibung zum »Schmuck«, »nichts zum Essen mehr«: so vermag Paul im »Tod Georgs« der sterbenden Frau, deren Lebenskraft er aufgesogen hat, Leben nur als Schmuck, in Gestalt des abgestorbene Lebewesen umschließenden Bernsteins, zurückzugeben. Wie denn überhaupt die Art, in der die Trauben beschrieben werden, bereits auf die Technik jenes Romans verweist. Wie dort für Paul jede Wahrnehmung nur Anlaß ist, um sich in die Tiefen der eigenen Vergangenheit zu versenken, so werden in Beer-Hofmanns Brief die schwarzen Trauben nur scheinbar um ihrer selbst willen geschildert. Vielmehr werden sie durch eine Kette von Assoziationen sofort entwertet. Ist von ihnen, die eben noch mit Negerinnenbrüsten verglichen wurden, schon gleich darauf nichts übriggeblieben als ihr an Himbeeren erinnernder Duft, so ist dieser Duft wiederum Anlaß, nicht etwa bei der angedeuteten Geschichte von Hirtenkind und König zu verweilen und sie nun wirklich zu erzählen, sondern er dient ausschließlich dazu, das Hirtenkind, monologisch, sich in die eigene Vergangenheit versenken zu lassen. Nicht nur führt dieser Versuch, Wirklichkeit durch Sprache zu erfassen, um zu einer vertieften Anschauung von ihr zu gelangen, ins Bodenlose; sondern vor allem erweist sich, daß gerade die üppigen Gebilde der Phantasie von Auszehrung befallen sind. Kein Bild, und sei es noch so aufwendig konstruiert, hat eigenen Wert, jedes ist nur mit einer einzigen Eigenschaft, die als neuer Reiz weitere Assoziationen auslöst, von Bedeutung; hat es diesen Zweck erfüllt, so verfällt es sofort der Vergessenheit. Diese Schreibweise verfehlt ständig ihren Zweck: die Wirklichkeit anschaulich werden zu lassen. Sie produziert Phantasiegebilde, in deren Aufwendigkeit und Üppigkeit die zerfallende Wirklichkeit sich gleichsam fangen soll. Da jedoch die Produkte der Phantasie – sie mögen so selbstherrlich wie auch immer auftreten und zu einem noch so dichten Netz verknüpft werden – ihrerseits bloße Mittel sind, durch die weitere Bilder freigesetzt werden, bieten sie keinen Halt, an dem die Beschreibung zu einem sinnvollen Abschluß käme. Stets schlüpft der eigentliche Zweck dieser aufwendigen Veranstaltungen, die Herstellung einer zur Anschauung gebrachten, und das heißt nichts anderes als: einer mit dem Subjekt vermittelten Wirklichkeit, zwischen den Phantasiegebilden hindurch, bis er in einer leeren Unendlichkeit zergeht.

Die Werke Richard Beer-Hofmanns lassen sich beschreiben als Stationen auf einem Weg, der aus dem stets und unvermutet drohenden Wirklichkeitsverlust (wie der als Scherz beabsichtigte Beschreibungsversuch gezeigt hat) zurückführen soll zu einer neuen Sicherheit des Subjekts im Verhältnis zur Außenwelt und damit auch zu sich selbst. Andrians Erzählung hatte erkennen lassen, daß dieser Versuch immer auch die Möglichkeit des Scheiterns, des endgültigen Absterbens des Subjekts in sich schließt. Der Fürst war zwar auf der Suche nach »dem Leben«, aber er war vor ihm in dem Augenblick zurückgeschreckt, da er ihm am nächsten war: in der Vorstadt. Die durch »das Leben« ausgelösten sozialen Ängste hatten sich als unüberwindbares Hindernis erwiesen und ihn zur Beschränkung auf sich selbst gezwungen.

Es ist daher eine fast ausweglose Situation, in der sich die Ästheten befinden. Einerseits ist die Distanzierung von Natur und Geschichte im Medium der Kunst die einzige Möglichkeit, die ihnen zur Verfügung steht, sexuelle und soziale Ängste – die die gleiche Wurzel haben – zu bannen; andererseits bedeutet der konsequente Rückzug auf die eigene Subjektivität den Verlust der Lebensfähigkeit. Die Unmöglichkeit, sich mit einem Allgemeinen in Beziehung zu setzen, und die zugleich gegebene Notwendigkeit, es dennoch zu tun, lassen also nur den einen Ausweg zu, ein Prinzip aufzusuchen, das möglichst umfassend ist, seine Beziehungslosigkeit zum eigenen Ich aber nicht sofort erkennbar werden läßt. Dieses Prinzip kann nicht in der Kultur gefunden werden. Denn jede kulturelle Objektivation ist zwar ursprünglich das Resultat eines Vermittlungsprozesses von Subjekt und Objekt, aber sie ist nun erstarrt und steht dem Subjekt fremd gegenüber. Dieses Dilemma wird von Simmel als »die Tragödie der Kultur« bezeichnet. »Es war doch die Formel der Kultur, daß subjektiv-seelische Energien eine objektive, von dem schöpferischen Lebensprozeß fürderhin unabhängige Gestalt gewinnen und diese ihrerseits wieder in subjektive Lebensprozesse in einer Weise hineingezogen wird, die dessen Träger zur abgerundeten Vollendung seines zentralen Seins bringt. Diese Strömung von Subjekten durch Objekte zu Subjekten, in der ein metaphysisches Verhältnis zwischen Subjekt und Objekt historische Wirklichkeit annimmt, kann nun aber ihre Kontinuität verlieren.«

Daß eine Generation, die mit dem Begriff der Kultur die historistische Vermengung der verschiedenartigsten, ihren geschichtlichen Ursprüngen entfremdeten Stilrichtungen identifizieren muß, diesen Verlust der Kontinuität besonders intensiv erfährt, liegt auf der Hand. Ein allgemeines Prinzip, zu dem das Subjekt Kontinuität wieder herzustellen hoffen kann, muß daher *jenseits* aller Kultur aufgesucht werden. Dieses Prinzip ist das von allen geschichtlichen Objektivationen gereinigte, also durch einen konsequenten Abstraktionsprozeß gleichsam wieder verflüssigte »Leben«.

VII

Die Revolte des Abstrakten

Richard Beer-Hofmann: »Das Kind« – Das innere Bild der Wirklichkeit – Depotenzierung des Geistes – Zweidimensionalität der Transzendenz – Totalität als Stilleben: zur Genese des Ornaments – Die Natur als Orakel – Bewußtsein als Hybris – Schopenhauer, Plutarch, Der arme Spielmann – Tod im Lebensstrom

Wie der »Tod Georgs« ist Beer-Hofmanns erste, sieben Jahre zuvor (1893) erschienene Novelle »Das Kind« ganz aus der Perspektive einer einzigen Gestalt – sie heißt in beiden Fällen Paul – geschrieben. Gemeinsam ist beiden Arbeiten die Intention, die problematische Beziehung des monologisch überwiegend mit sich selbst beschäftigten jeweiligen Helden zu »dem Leben« zu klären, allerdings mit so unterschiedlicher Akzentuierung, daß Beer-Hofmann sich später von der Erzählung distanzierte und sie von der Aufnahme in seine gesammelten Werke ausschloß.

In Beer-Hofmanns früher Novelle wird gar nicht erst zum Problem, woran Andrians Erwin scheitert. Das

Schema des Liebeslebens der jungen Herren aus bürgerlichem Hause erfüllt seine Gestalt ohne Vorbehalte und ohne Ängste. Als Paul der »schönen alternden Frau«, deren Liebhaber er eine Zeitlang war, überdrüssig wird, bereitet es ihm keinerlei Schwierigkeiten, in der Vorstadt Auffrischung für seine Lebensgeister zu suchen: »– da überkam es ihn mit einem Mal wie Sehnsucht nach etwas Jungem, Frischem, Knospendem, – und junge, dumme, unerfahrene Liebe, der jungfräuliche Duft eines schlanken Mädchenleibes und selbst das Knattern steifgestärkter Kattunröcke, – wie begehrenswert erschien ihm dies Alles nach den üppigen, heißen, von einer Dunstwolke von Peau d'Espagne umschwebten Formen, der vielerfahrenen Frau in der Villa da draußen, – nach dem Knistern und Rauschen ihrer Dessous aus Seide und Spitze.« Ebensowenig wird zum Problem, daß auch dieser Reiz sich nach einiger Zeit verbraucht hat; Paul empfindet es nur als lästig – mit der Schilderung dieses Zustandes setzt die Novelle ein –, durch Gewohnheit, vor allem aber durch die Existenz eines Kindes, das außerhalb von Wien in einer Bauernfamilie aufgezogen wird, an seine Geliebte gefesselt zu sein.

Als sie ihm eines Tages dessen Tod mitteilt, ist völlige Gleichgültigkeit seine Reaktion; der erste Eindruck, den das Bewußtsein nach der Nachricht aufnimmt, ist die Kennziffer eines zufällig vorbeifahrenden Fiakers: »ein offener Fiaker fuhr langsam knapp an ihnen vorüber. Er sah die Nummer auf der erleuchteten Wagenlaterne: 277. – Im Fond lehnte mit übergeschlagenen Beinen ein junger Mann, und während des Fahrens glitt die drapfarbene großkarirte Wagendecke von seinen Knieen; auf dem leeren Sitze neben ihm lagen, in weißes Seidenpapier gehüllt, Blumen, – Rosen und weißer Flieder; der Duft schlug Paul in's Gesicht (...); dann war der Wagen vorüber und er hörte hart an seinem Ohr eine fremde Stimme, die seltsam gepreßt klang: ›Also gestorben ist es.‹«

So zufällig diese Wahrnehmungen sind, bloße Sinneseindrücke, die vom Bewußtsein mechanisch registriert werden: die Tatsache, daß sie festgehalten werden, ist, wie der weitere Verlauf der Geschichte zeigen wird, alles andere als Zufall. Mit großer Virtuosität erfüllt Beer-Hofmann hier die zeitgemäße, von Bahr formulierte Forderung: daß alle Kunst »Nervenkunst« zu sein habe, Wiedergabe von Sinneseindrücken, die vom Bewußtsein noch nicht verarbeitet sind. Dem positivistischen Wissenschaftsbegriff, der hinter dieser Forderung steht, könnte nicht exakter entsprochen werden: nur Fakten werden präsentiert. Gleichzeitig aber erweist sich, daß es »reine« Fakten nicht gibt. Denn die beiden Elemente der Wahrnehmung, die ins Bewußtsein vordringen, werden *zugleich* aus dem Innern Pauls in die Außenwelt projiziert: die abstrakte Ziffer, das erste Element, entspricht der Abstraktheit, die die Existenz bzw. der Tod des Kindes bisher für Paul hatte; das zweite – anschaulich gegebene – Moment, das Bild des jungen Mannes, verweist auf das Bild, das Paul, sich selbst unbewußt, im Augenblick der Todesnachricht von sich selbst entwirft: wie der junge Mann, der offensichtlich auf dem Weg zu seiner Geliebten ist, so wird auch Paul künftig wieder, frei und ungebunden, über sein Leben verfügen können. Versteckt blitzt an dieser Stelle das Doppelgänger-Motiv auf, aber diesmal nicht, wie bei Andrian und Hofmannsthal, deren Helden ihre Triebe unterdrücken müssen, als Bote des Todes, sondern, im Gegenteil, als Verheißung künftigen Glücks. Durch die Nachricht vom Tode des Kindes sieht Paul seine Sinnlichkeit plötzlich wieder befreit, der Doppelgänger ist hier Antizipation einer glücklichen Zukunft.

Aus dieser unbedeutenden, zufälligen, vom Bewußtsein nicht eingeholten Wahrnehmung läßt sich der Konflikt, der den eigentlichen Gegenstand der Novelle bildet, ableiten. Er beginnt damit, daß, auf eine für Paul gänzlich unvorhersehbare Weise, das abstrakte Element gleichsam zu revoltieren beginnt und danach verlangt, mit Anschauung erfüllt zu werden; bis schließlich aus einer leichten

Irritation ein massives Schuldgefühl geworden sein wird. Während Paul sich selbst zu verlieren droht, gewinnt alles, was er bisher für nichts erachtet hatte, ein eigenes Leben.

Da Paul sein Kind nie gesehen hat, empfindet er zunächst ausschließlich Erleichterung, als ihn die Nachricht von seinem Tode erreicht; bald indessen stellt sich das Bedürfnis ein, den Begriff des Todes zu konkretisieren: »›Also todt, also todt, – todt.‹ Dann versuchte er sich es klar zu machen: ›Todt‹, er trachtete das Wortbild zu erfassen, er stellte es sich vor in deutschen, in lateinischen Lettern, er holte die einzelnen Buchstaben aus dem Alphabete und setzte sie zusammen, – aber kein Empfinden rührte sich in ihm. (...) ›Dein Kind ist todt!‹ er sagte es sich immer von Neuem. ›Dein Kind‹ und horchte, – als müsse etwas in ihm klagend aufschreien; aber nichts als ein frohes Gefühl des Erlöstseins überströmte ihn.« Da Paul eine Beziehung zu dem Kind auch nachträglich nicht herzustellen vermag, spezifiziert sich der allgemeine Begriff auch nicht zu einer individuellen Anschauung. Kaum sind es konventionelle moralische Skrupel (sie mögen, ihm selbst unbewußt, eine untergeordnete Rolle spielen), die ihn zu dem Versuch bewegen, dem Begriff über das Schriftbild eine sekundäre Anschaulichkeit zukommen zu lassen; eher ein vages Unbehagen darüber, daß hier sich etwas seinem Bewußtsein entzieht; denn erst das Zusammentreten von allgemeinem Begriff und individueller Anschauung bringt Erkenntnis und damit die Aneignung eines Objekts durch das Subjekt hervor. Seine später einsetzenden Versuche, beide Momente zusammenzuzwingen, lassen insofern eine innere Übereinstimmung mit dem erkennen, was Typographie und Buchkunst des Jugendstils systematisch anstreben: wenn dort, zuerst bei den englischen Präraffaeliten und bei William Morris, die Lettern und Wörter durch Ornamente verbunden werden, wenn die Buchseite, nach dem Vorbild des mittelalterlichen Blockbuchs, zur in sich geschlossenen unauflöslichen Einheit von Wort und Bild wird, dann soll bereits das Druckbild verbürgen, was die Sprache allein nicht mehr herzustellen vermag: eine Beziehung zwischen dem Begriff, einem allgemeinverbindlichen Weltbild und dem einzelnen Leser. – Zunächst jedoch scheint die Irritation durch den abstrakten Begriff ohne Folgen vorüberzugehen. Seine Geliebte war, unter Wahrung der Anonymität, in der »Zahlabteilung des Findelhauses« niedergekommen; dieses hatte gegen Zahlung einer geringen Summe das mit einer Kennziffer versehene Kind bei einer Bauernfamilie untergebracht. Das amtliche Dokument über diesen Vorgang, das es der Mutter jederzeit erlaubt hätte, das Kind zu sich zu nehmen und ihren Liebhaber unter Druck zu setzen, kann Paul nun in bester Stimmung vernichten und in alle Winde streuen.

Die Abstraktheit des Begriffs, die Unmöglichkeit, ihn mit einem lebendigen Wesen in Beziehung zu setzen, wird erst allmählich zum Problem; mit der Zeit stellt sich eine unerklärliche und Paul zutiefst beunruhigende »bohrende Neugier« ein, die ihn antreibt, sich ein Bild von seinem Kind zu verschaffen. So stark wird dieser Zwang, daß er die bereits abgebrochene Beziehung zu seiner Geliebten wieder anknüpft, um sie nach Einzelheiten seines Aussehens befragen zu können. Während sie, die sich mit der Entwicklung längst abgefunden hat, ihn mit der zerstreuten Antwort bedenkt, das Kind habe ausgesehen »wie sie halt alle in dem Alter ausschaun, a sehr a hübsches Kind war's« – wichtiger ist ihr, daß ihr Leib keine Spuren von der Schwangerschaft zurückbehalten hat –, wird Paul stets stärker von dieser Obsession heimgesucht, die er als »Stimme des Blutes« zu verstehen glaubt. Im Vergleich mit seinem aufgestörten Gewissen soll die ungebrochene Vitalität der Mutter, für die das starke erotische Interesse, das ihr der halbwüchsige Sohn ihres Dienstherrn inzwischen entgegenbringt, viel wichtiger (und schmeichelhafter) ist, als durchaus verwerflich erscheinen. Die Tendenz der Novelle scheint damit festgelegt und für den Leser überschaubar zu sein: offensichtlich handelt es sich um eine moralische Erzählung, um die Bekehrung eines verantwortungslosen Verführers und Ästheten, eines Mannes der »überfeinen Nuancen, den die Farbe, der Schnitt eines Kleides, an seiner Geliebten verstimmen konnte, und dem seine Freunde scherzend aufgebracht hatten, er habe ein Mädchen verlassen, nur weil sie zu einer englischen Straßentoilette einen Spitzenschirm getragen habe«.

Nimmt man diese Zeilen für ein ironisches Selbstportrait Beer-Hofmanns – sie stimmen mit der Karikatur überein, die Karl Kraus in der »Demolirten Literatur« entwerfen wird (»Stets auf Schönheit und möglichste Exactheit einer jeden Pose bedacht, versteht er Alles um sich herum zu geschmackvoller Wirkung zu vereinigen, indem er beispielsweise nur mit solchen jungen Leuten verkehrt, deren Anzug zu dem jeweiligen seinen passt – (...) Von Allen weiss er sich am längsten mit sich selbst zu beschäftigen, auf sich zu concentriren. Ferne dem lärmenden Treiben, sitzt er stundenlang vor dem Spiegel: – enfin seul mit seiner Cravatte!«) – und zieht man ferner in Betracht, daß im Erscheinungsjahr der Novelle, 1893, Hofmannsthal mit seinem Drama »Der Tor und der Tod« die wohl berühmteste Abrechnung mit dem Typ des Ästheten vorlegt, dann scheint über die Absichten, die Beer-Hofmann verfolgt, kein Zweifel mehr möglich zu sein.

Gegenüber Hofmannsthals Drama hätte die Novelle sogar den unzweifelhaften Vorteil, nicht nur einer Art moralischen Katzenjammers, sondern einer tieferen Einsicht in die sozialen Verhältnisse der Zeit entsprungen zu sein. Zu den eindrucksvollsten Stellen der Novelle zählt zweifellos die Beschreibung der Bilder, die in Pauls Bewußtsein aufsteigen, als er sich nach der Lektüre der Briefe, die die hartherzigen und geldgierigen Pflegeeltern an die Mutter geschrieben hatten, der Erkenntnis nicht verschließen kann, daß der Tod des Kindes wohl nicht notwendig war:

»Sein Kind, sein Kind war das gewesen, das die Leute elend umkommen ließen, als sie sahen, daß es nichts zu erpressen gab. Wenn es schrie, weil es hungerte, oder weil es Schmerz empfand, hatten sie ihm ein branntweingetränktes Tuch in den Mund gesteckt, daß es schlafe. In Schmutz und Unrath war es in der Wiege gelegen, und keine Hand hatte es geliebkost, kein Mund ihm zärtliche, schmeichelnde Worte – wie sie nur Mütter erfinden – zugeflüstert, – daß es lächle. Er sah die enge, dumpfe Bauernstube, in der sie das Kind einsperrten, wenn sie zur Arbeit gingen. Da lag es dann, umsummt von großen Schmeißfliegen, die es quälten und ängstigten, allein, klagend, bis ihm die Stimme versagte, und zur niederen Decke starrten lichte, hilflose Kinderaugen empor, nichts wissend, nichts ahnend, den Tod nicht begreifend, – nur angstvoll fragend, wie die eines Thieres, das verendet! Nur die Katze, die faul verschlafen am Fenster lag und spann, hatte einen Augenblick lang, horchend den Kopf gehoben, als sich die kleine schmächtige Brust in letzten, schweren Athemzügen röchelnd hob, und auf der blassen Stirne, an der die schwarzen Härchen im kalten Todesschweiße klebten, und auf den halboffenen brechenden Augen, sammelten sich schon dicke grüngoldene Fliegen, die sich putzten.

Sein Kind!

Er wußte es jetzt, daß es das seine war; gleichgiltig, ohne Interesse für das Kind hatte er durch fast zwei Jahre gelebt, und nur selten, flüchtig daran gedacht. Und jetzt, da es todt war, wachte in ihm Schmerz und Mitleid auf, als hätte er es lange, heiß und innig geliebt.«

Eindrucksvoll ist diese Passage nicht nur durch den ungeschminkten Realismus, mit dem das Elend eines unehelichen Kindes vergegenwärtigt wird; sie ist es auch – oder könnte es doch sein – in künstlerischer Hinsicht, durch die Stellung, die sie im Ganzen der Novelle einnimmt: obwohl diesen Bildern keine empirische Anschauung vorausgeht – sie steigen spontan in Pauls Bewußtsein auf – wirken sie doch unmittelbar überzeugend; sie sind weder artifiziell, wie die übliche Bilderwelt des Ästhetizismus, noch sentimental und abstrakt (wie die »kritischen Vorstellungen«, die Hofmannsthal in »Der Tor und der Tod« entwickelt). Nur scheinbar paradox ist hierbei, daß der offenbare Realitätsgehalt dieser Bilder durch ihre Entstehung aus dem Bewußtsein des Ästheten nicht beeinträchtigt wird: gerade hierdurch erweist das Problem, das Paul beschäftigt, sich als scheinhaft. Die ihn irritierende Tatsache, daß er sich von seinem Kinde kein Bild machen kann, hat ihren Grund darin, daß sein Bewußtsein, in Übereinstimmung der Ideologie seiner Klasse, so vollkommen gegen die soziale Realität abgedichtet ist, daß Begriff und Anschauung notwendig auseinanderfallen müssen. In dem Augenblick, da diese Perspektive aufgebrochen wird, stellt sich heraus, daß Paul ein Bild seines Kindes bereits in sich trägt – nur daß es aus seinem alltäglichen Bewußtsein verdrängt ist; erst durch eine schwere emotionale Erschütterung wird es wieder sichtbar. In diesem Augenblick verliert auch das principium individuationis seine absolute Geltung, ohne daß die abstrakte Vorstellung eines »Lebensstroms« bemüht werden müßte: es ist mehr als eine sentimentale Aufwallung, wenn Paul aufgrund der wiedergewonnenen Anschauung den immer wieder aufgetauchten Zweifel, ob das Kind wirklich von ihm sei, verliert. Nicht durch ein vages »Centrumsgefühl«, durch das das Ich sich ins Unendliche aufbläht, wird es seiner Verbundenheit mit den anderen Lebewesen inne, sondern es ist gerade das Bewußtsein der Endlichkeit und Bedrohtheit allen individuellen Lebens, das zu dieser Einsicht führt. Der Jugendstil scheint sich, indem er die eigene Abstraktheit kritisiert, in Beer-Hofmanns früher Novelle zu erfüllen.

Die Gewalt der gesellschaftlichen Strukturen zeigt sich indessen darin, daß der Autor gerade diese Entwicklung zu verhindern sucht; sie muß ihm, sofern sie ihm überhaupt zu Bewußtsein gekommen ist, als Verirrung und Bedrohung erschienen sein. Jedenfalls setzt er alles daran, die Perspektive, die sich für einen Augenblick geöffnet hatte, wieder zu beseitigen. Nicht um die Überwindung des Ästhetizismus geht es ihm, so stellt sich nun heraus, sondern um dessen Sicherung bzw. Wiederherstellung. Die eigentliche Intention der Novelle wird erst erkennbar, als Paul schließlich das Dorf besucht, in dem die Pflegeeltern des Kindes leben. Die wirkliche Ursache seiner Krise ist die Irritation darüber, daß durch den Zeugungsakt möglicherweise eine Beziehung zu einem anderen Lebewesen begründet wird, ein Zusammenhang, für den in seinem bisherigen Weltbild kein Platz war. Erst hierdurch erweist Paul sich als ein Mensch, dessen Bewußtsein auf der Höhe der Zeit ist. »Für die gewöhnliche (...) Anschauung«, so beschreibt Simmel dieses moderne, nach seiner Auffassung durch die Geldwirtschaft hervorgebrachte Verhalten, »ist das Ich im Praktischen nicht weniger als im Theoretischen die selbstverständliche Grundlage und das unvermeidlich erste Interesse; alle Motive der Selbstlosigkeit erscheinen nicht als ebenso natürliche und autochthone, sondern als nachträgliche und gleichsam künstlich angepflanzte.«

Dieses bequeme Weltbild gilt, wie Paul irritiert feststellen muß, für ihn nicht mehr ohne Einschränkung; das Moment der »Selbstlosigkeit«, das sich unversehens eingestellt hat, und das sich, wie das hartnäckige Symptom einer Krankheit, nicht länger verleugnen läßt, löst schließlich sogar ein Gefühl der Schuld aus. Diesem quälenden, als ichfremd empfundenen Impuls gibt Paul dadurch nach, daß er versucht, sich nachträglich von seinem Kind eine Anschauung zu verschaffen, die Beziehung zu einem anderen Lebewesen, wenn es denn sein muß, auch tatsächlich lebendig werden zu lassen. Damit wäre – auf diese Entwicklung scheint er unbewußt zu spekulieren – dem Anfall von Moral Genüge getan, und er könnte, wieder im Vollbesitz der Freiheit, sein unabhängiges Leben fortführen.

Das Schuldgefühl, das sich einstellt, weil Paul die Beziehung zu einem anderen individuierten Leben zwar nicht leugnen, aber auch nicht nachvollziehen kann, verweist darauf, daß, nach dem Sturz des Idealismus, durch die ausschließlich mechanistisch erklärenden Naturwissenschaften wie durch eine extrem individualistische Gesellschaftsstruktur der Begriff des Geistes zwar obsolet geworden, aber keineswegs endgültig abgetan war. Durch den Geist hatte der Idealismus noch einmal eine Sphäre der Intersubjektivität herzustellen versucht, für deren Existenz die folgenden Generationen dann keine Anhaltspunkte mehr feststellen konnten. Selbst die durch biologische Zeugung hergestellte Beziehung zwischen zwei Lebewesen schien reduzierbar zu sein auf naturwissenschaftlich-positivistisch nachweisbare Tatsachen. So scheint, im »Garten der Erkenntnis«, der als Physiker und Biologe dilettierende Priester aus dem Zeugungsakt selbst noch den Heiligen Geist hinausexperimentieren zu wollen, wenn er »durch Einwirkung auf das Laich der Tiere zwei Frösche für ihr Leben unzertrennbar zu verbinden« versucht. Noch drastischer wird in Edvard Munchs »Madonna« (entstanden im Jahre 1895, wie Andrians Erzählung) die Abspaltung aller spirituellen Gehalte aus dem Lebensprozeß dargestellt. Das Bild wird ausgefüllt von dem Halbakt einer auffallend lasziv wirkenden jungen Frau, die eher an Franz von Stucks »Sünde« erinnert als an traditionelle Madonnendarstellungen. Die Haare gehen über in wellenförmige, die Totalität des undifferenzierten »Lebens« symbolisierende Ornamente; der weiße, flächige, dem Betrachter sich entgegendehnende Leib wirkt zwar eigentümlich »unberührt«, aber nicht im Sinne der biblisch überlieferten Jungfräulichkeit; eher läßt er an die Selbstgefälligkeit denken, mit der, in Beer-Hofmanns Novelle, Pauls Geliebte feststellt, daß die Geburt keine Spuren hinterlassen habe. »Man glaubt es nicht«, daß

Edvard Munch, Madonna, 1895

diese Frau den Erlöser zur Welt gebracht haben soll. Die Hinweise auf ihre Mutterschaft sind ganz von ihr abgespalten, sie erscheinen lediglich auf dem Rahmen. In seinem linken unteren Teil kauert ein Embryo, auf gleicher Höhe, wie sie seiner natürlichen Lage im Mutterleib entspräche; die über den Rahmen verteilten Ornamente sind deutlich als Spermien erkennbar. Das Bild wirkt, als habe der Maler – wie in parodistischer Zuspitzung der biblischen Episode vom ungläubigen Thomas – alle Elemente einer Schwangerschaft der wissenschaftlichen Überprüfung zugänglich machen wollen. Auch im Übernatürlichen soll alles mit rechten Dingen zugehen. In vergleichbarer Weise, wenn auch weniger anstößig, gestaltet Margaret Macdonald 1898 das Motiv der »Heimsuchung«: der ungeborene Christusknabe, sichtbar gemacht wie durch eine Röntgenaufnahme, wird aus dem Leib des Engels in den der Maria gleichsam transplantiert. Selbst wenn man unterstellt, daß in beiden Bildern der traditionelle Glaubensinhalt noch einmal bestätigt werden soll, so hat doch der Geist, überhaupt jede Transzendenz, die über den Lebensprozeß hinauswiese, jede Glaubwürdigkeit verloren, sofern die Umsetzung in wissenschaftlich überprüfbare Fakten nicht direkt nachvollziehbar ist.

Ähnlich ergeht es Paul in Beer-Hofmanns Novelle bei dem Versuch, die Lösung seines Problems in der Transzendenz zu finden. Sein Versuch, sich im Gebet eine metaphysische Dimension zu erschließen, wird als von vornherein verfehlt charakterisiert: »Dann schloß er die Augen und sah in das violette Dunkel; ein zartes, gelbes Tapetenmuster glitt vor seinen Augen rasch nach unten, – unaufhörlich, wie von einer endlosen Rolle.« Es ist ihm unmöglich, den psychischen Innenraum zu verlassen. Schon hier wird dessen nicht transzendierbare Grenze als »Tapete« erfahren, nicht anders als im »Tod Georgs«, wo der Hintergrund, vor dem der gleichnamige Held die Begegnung mit einer Frau phantasiert, sich aus einem »weißblühenden Wiesenhang, der steil wie eine Wand hinter ihr emporstieg«, unversehens in eine »narzissenübersäte Tapete« verwandelt. Die Bilder, die sich einstellen beim Versuch des Subjekts, eine Verbindung zur Außenwelt herzustellen, bleiben bloße Projektionen eigener Vorstellungen. Die fensterlose Monade, als die das bürgerliche Individuum schon von Leibniz gedacht wurde, entwickelt, unter dem Eindruck der »Atomisierung« der Gesellschaft (Simmel) in voneinander isolierte Subjekte, die Innenseite der Ichgrenze, die als nicht mehr überschreitbar erfahren wird, gleichsam zur Leinwand, auf die die eigenen Wunschbilder projiziert werden. Die »Zweidimensionalität« des Jugenstilbildes dürfte ihren Grund in dieser tiefgreifenden Veränderung der Selbstwahrnehmung des Subjekts haben. Wenn sich der Durchbruch des Jugendstils, mit gutem Grund, auf das Jahr 1895 datieren läßt (Sternberger), so bedeutet es mehr als ein nur zufälliges Zusammentreffen, daß in eben diesem Jahr in der Entwicklung der Kinematographie der entscheidende Schritt vollzogen wird: in Lyon (Louis und Auguste Lumière), New York (W. Latham) und Berlin (M. Skladanowsky, O. Messter) werden zugleich und unabhängig voneinander die ersten brauchbaren Aufnahme- und Projektionsgeräte erfunden.

Als der Held von Beer-Hofmanns Novelle sich eine anschauliche Erfahrung der Transzendenz zu verschaffen versucht, bleibt die innere Leinwand leer bis auf ein abstraktes, in sich unendliches Ornament des Lebens, hervorgerufen durch das im Geäder der Augenlider kreisende eigene Blut. Seine Versuche werden vom Erzähler mit deutlichem Spott bedacht. »Er brach ab; so würde die Andacht nie kommen, wenn er die Worte nur vor sich hin sprach, ohne irgend etwas zu empfinden, ohne Vorstellungen damit zu verbinden; er begann von Neuem. Aber er brachte es nur dazu, die Worte des Gebetes in Druckbuchstaben vor sich zu sehen, mit großen verschlungenen Initialen; er ward ungeduldig, – so ging es nicht! Aus den Zügen des raffaelischen Gott-Vaters, den er nur unklar in

Erinnerung hatte, und dem Moses des Philippe de Champaigne – vor Kurzem erst hatte er bei einem Antiquar einen alten Stich danach gesehen – trug er sich ein Bild zusammen: Lange, wallende Locken, ein mächtiger Bart und ernste, milde Augen; daran wollte er denken bei den Worten: ›Vater dort oben!‹ – ›Im Sternenzelt‹; über die Worte mußte man hinweggleiten, das war nur ein poetischer Vergleich, – ›in süßem Schlummer ruht die Welt‹ ... ›die Welt, die Welt!‹, als ob es so leicht wäre, sich das vorzustellen, und Paul wiederholte die Worte, und suchte nach etwas Ruhigem, Friedlichem, an das er denken könne bei diesem ›in süßem Schlummer ruht die Welt‹, – und er fand es endlich: Blaue Mondnacht, über schmalen giebligen Dächern einer kleinen Stadt, glitzernde Fensterscheiben und phantastische Wasserspeier – – und das Alles mit den großen Licht- und Schatteffekten einer Zeichnung Gustav Dorées.«

Auch durch dieses Verfahren, mit Hilfe von vorgefertigten Bildelementen die angestrebte Anschauung herbeizuzwingen, beweist Beer-Hofmanns Held, daß er auf der Höhe des zeitgenössischen Bewußtseins ist. Der literarische Jugendstil versucht der Sprache dadurch zu größerer Anschaulichkeit zu verhelfen, daß er den Begriffen durch die bildende Kunst vorgeprägte bildhafte Elemente zugrunde legt. Keineswegs jedoch ist dieses Verfahren nur aus artistischen Gründen überaus verbreitet, um, wie Dominik Jost meint, durch den »Filter der bildenden Kunst« zu »schlackenloser Lauterkeit« der Darstellung zu gelangen. Vielmehr wird der Rückgriff auf die bildende Kunst notwendig, weil das Subjekt das allgemeine Moment der Begriffe nicht mehr auf sich zu beziehen und daher auch nicht mehr mit Anschauung zu füllen vermag. Das ist die eigentliche Ursache der »Sprachkrise« um die Jahrhundertwende. Die Üppigkeit der sprachlichen Gestaltung, der übergroße Reichtum an Metaphern und Adjektiven, die in zahlreichen Werken der Zeit auftreten, sind der Versuch, die Sprache mit anschaulichen Momenten künstlich anzureichern.

Allerdings rückt diese Problematik in Beer-Hofmanns früher Novelle noch nicht in den Vordergrund. Die Unfähigkeit Pauls, allgemeine, auf eine transzendente Einheit der Welt verweisende Begriffe für sich anschaulich werden zu lassen, erscheint hier als Vorbereitung seiner Wendung zur Immanenz der Lebenstotalität. Im Zeichen dieser Wendung steht Pauls Reise in das Dorf, wo sein Kind gelebt hat. Die Pflegeeltern, so stellt sich hier heraus, sind fortgezogen, das Grab des Kindes ist nicht identifizierbar. Um sich wenigstens einen Eindruck von der Umgebung zu verschaffen, in der sein Kind gelebt hat, bemüht sich Paul, alle Einzelheiten dieser ländlichen Welt in sich aufzunehmen. Gerade hierin ist die Einsicht von der Relativität alles individuierten Lebens angelegt. Denn je angestrengter er hier seine Aufmerksamkeit auf die Außenwelt lenkt – »durch die Pforten der Sinne wollte er sein Empfinden nach außen hin jagen, daß es endlich abließe von dem einen Gedanken« –, desto deutlicher muß er erkennen, daß es kein Fleckchen Erde gibt, auf dem sich nicht, durch Begattung und Verwesung hindurch, das Leben tausendfach reproduzierte. Das gilt für Pflanzen und Tiere, denen Paul bei ihren Liebesspielen zusieht, nicht weniger als für Menschen. So beobachtet Paul durch ein offenes Fenster eine Magd bei der Arbeit in einem Bauernhaus; ins Zimmer tritt ein Bauernbursche, »der sie an der Schulter faßte und langsam gegen die Wand drängte (...) dann schien es Paul, als glitten sie beide langsam nach unten in eine Versenkung, und das offene Fenster, das das Bild gerahmt hatte, schloß nur ein Stilleben ein: Der Küchentisch, ein Stoß umgestürzter Teller und glänzende Kupferwannen an der Wand.« Selbst wenn es ausschließlich Dezenz gewesen sein sollte, die den Erzähler veranlaßte, den Anblick des Paares dem unfreiwilligen Beobachter sich entziehen zu lassen, so läßt dieses Verfahren zugleich ein Sinnbild entstehen, das geeignet ist, die neuen

Erfahrungen Pauls zusammenzufassen: für den gewöhnlichen Blick scheint der Raum nun leer zu sein, ein Stillleben; Paul aber weiß, was sich außerhalb seines Blickfeldes zuträgt. Jeder Ausschnitt aus der Totalität des Lebens, selbst wenn er nur leblose Gegenstände ins Blickfeld treten läßt, hat in seinem unsichtbaren Grund teil am Strom des Lebens. Das Leben stiftet eine umfassende Einheit, die selbst dann noch wirksam ist, wenn nur scheinbar unverbundene, leblose Dinge sichtbar werden. Paul vollzieht hier für sich die Genese des Jugendstil-Ornaments nach, das diese verborgene Einheit zur Anschauung bringt, indem es, aus *einer* Wurzel sich entfaltend, alles Gegenständliche verbindet. Indem es ihm gelingt, den Vorgang in seiner sinnbildlichen Bedeutung zu erfassen, bereitet sich hier bereits die Auflösung der ihn bedrängenden Probleme vor.

Es ist, so stellt sich nun heraus, keineswegs die Intention der Novelle, irgendeine moralische Wirkung hervorzubringen; vielmehr ist sie auf die Einsicht hin angelegt, daß die Individuation, die durch den Zeugungsakt ausgelöst wird, einseitig gegenüber der Lebenstotalität, von der sie doch ein Teil ist, betont wird. Gerade das aber war der Fehler, den Paul begangen hatte, indem er, anders als die der Lebenstotalität näherstehende Mutter, plötzlich auf der Individualität des Kindes beharrte. Dagegen hatte bereits Schopenhauer gelehrt: »Indem nun also die Natur ihre so unaussprechlich künstlichen Organismen nicht nur der Raublust des Stärkeren, sondern auch dem blindesten Zufall und der Laune jedes Narren und dem Mutwillen jedes Kindes ohne Rückhalt preisgibt, spricht sie aus, daß die Vernichtung dieser Individuen ihr gleichgültig sei, ihr nicht schade, gar nichts zu bedeuten habe (. . .). Sie sagt dies sehr deutlich aus und sie lügt nie: nur kommentiert sie ihre Aussprüche nicht; vielmehr redet sie im lakonischen Stil der Orakel. Wenn nun die Allmutter so sorglos ihre Kinder tausend drohenden Gefahren ohne Obhut entgegensendet; so kann es nur sein, weil sie weiß, daß, wenn sie fallen, sie in ihren Schoß zurückfallen, wo sie geborgen sind, daher ihr Fall nur ein Scherz ist. Sie hält es mit dem Menschen nicht anders als mit den Tieren.«

Das durch den Lebensstrom grundierte »Stilleben« war ein solches »Orakel«. Trotz seines Lakonismus hat Paul es verstanden: Schuldgefühle sind ein Irrtum, der nur solange Bestand haben kann, als am Vorrang des Individuums gegenüber der Lebenstotalität festgehalten wird. Es ist das Bewußtsein, das diesen Irrtum stets wieder hervorbringt, und zwar unabhängig von allen besonderen Inhalten; durch die bloße Tatsache, daß das Subjekt seiner selbst als eines besonderen, gegen die übrige Welt abgegrenzten Lebewesens sich bewußt wird, vollzieht es notwendig eine gigantische Selbstüberschätzung: dieser formale Akt ist die Quelle allen Leidens. Offenbar aus diesem Grunde läßt Beer-Hofmann seinen Helden in Schlaf versinken: erst nach vorübergehender Ausschaltung des Bewußtseins vermag Paul seine Erfahrungen in einer Weise zu deuten, die Schopenhauers Lehre auf das genaueste entspricht: »Die Natur! Wußte er es denn jetzt erst, daß sie immer von Neuem brünstig und zeugend und trächtig und gebärend war, und vernichtend, was sie geboren, – und stumm blieb auf alle unsere Fragen? (...) Gesündigt, gegen sie, gegen göttliches Gebot hatte er, zuerst als er ein Kind in die Welt gesetzt, und dann, als er es hilflos, elend umkommen ließ? (...) Größenwahn war es, daß wir meinten, wir könnten uns gegen sie, die Natur, versündigen. Um nicht den Eintagsfliegen zu gleichen, um ein Schicksal zu haben, erfanden wir uns Tugenden und Laster; und Schuld und Sünde dichteten wir in die winzige Spanne Zeit hinein, die unser Leben währte; unsere Moral, unsere Sentimentalität ließen wir ihr, der Natur, daß sie uns gleiche, – eine Gottheit nach unserem Ebenbild!«

Mit dieser Einsicht, die durch den Schluß der Novelle bekräftigt wird – Beer-Hofmann läßt seinen Helden, während der Rückfahrt nach Wien in einem offenen Wagen, einen Schwarm von Eintagsfliegen durchqueren, die in überdeutliche Beziehung gesetzt werden zu den aus dem Wienerwald in die Stadt zurückkehrenden Ausflüglern – scheint das Problem des Ästheten gelöst: er braucht sich nicht mehr isoliert zu fühlen, sich aber auch nicht in Abhängigkeit von einem anderen Lebewesen zu begeben. Daß diese Botschaft von den Zeitgenossen verstanden wurde, zeigt die Rezension Felix Dörmanns: in der Novelle sei »absolut keine Moral zu entdecken«. In der Tat kann der Ästhet, für den keine überindividuelle Norm Gültigkeit beanspruchen kann, allein die gänzlich abstrakte Beziehung auf die Allgemeinheit »des Lebens« als nicht mit Einengung oder Zwang verbunden akzeptieren.

Beer-Hofmanns Erzählung erscheint daher als Geschichte einer Heilung: »Pauls Blick glitt harmlos über die Kinder am Wege; er fühlte wie die Gedanken an sein Kind blasser und schattenhafter wurden und langsam sich von ihm lösten.« Der als neurotisch empfundene Zwang, sich zu einem anderen Lebewesen in Beziehung setzen zu müssen, löst sich am Ende auf.

Welche dramatische Veränderung in der Einschätzung der Bedeutung des Individuums sich innerhalb weniger Jahrzehnte durchgesetzt hat, läßt sich im übrigen an der unterschiedlichen Beschreibung des Volks als Masse ablesen. Während der Anblick der in Scharen heimkehrenden Ausflügler in Beer-Hofmanns Helden nur die Überzeugung stärkt, daß alle im Grunde dasselbe erlebt haben, die mehr oder weniger gelungene Befriedigung der während der Arbeitswoche zurückgestauten vitalen Triebe – er selbst taucht am Schluß in der Masse unter –, löst der Erzähler in Grillparzers Novelle »Der arme Spielmann« die Masse auf in den Anblick einzelner Menschen, er sieht sie in der Perspektive seines Lieblingsautors, des Plutarch, des Verherrlichers großer Individuen. Er betrachte, sagt er, Volksfeste, »als ein Liebhaber der Menschen (...), besonders wenn sie in Massen für einige Zeit der einzelnen Zwecke vergessen und sich als Teile des Ganzen fühlen, in dem denn doch zuletzt das Göttliche liegt – als einem solchen ist mir jedes Volksfest ein eigentliches Seelenfest, eine Wallfahrt, eine Andacht. Wie aus einem aufgerollten, ungeheuren, dem Rahmen des Buches entsprungenen Plutarch, lese ich aus den heitern und heimlich bekümmerten Gesichtern, dem lebhaften oder gedrückten Gange, dem wechselseitigen Benehmen der Familienglieder, den einzelnen halb unwillkürlichen Äußerungen, mir die Biographien der unberühmten Menschen zusammen, und wahrlich! man kann die Berühmten nicht verstehen, wenn man die Obskuren nicht durchgefühlt hat. Von dem Wortwechsel weinerhitzter Karrenschieber spinnt sich ein unsichtbarer aber ununterbrochener Faden bis zum Zwist der Göttersöhne, und in der jungen Magd, die, halb wider Willen, dem drängenden Liebhaber seitab vom Gewühl der Tanzenden folgt, liegen als Embryo die Julien, die Didos und die Medeen.«

Wird bei Beer-Hofmann das Individuum in der Masse, die ihrerseits nicht mehr ist als ein Schwarm von Eintagsfliegen, ausgelöscht, so läßt Grillparzer noch das geringste Individuum zum Urbild »des Göttlichen« werden: durch die mythische Überhöhung wird das Individuum zwar auch »zum Teile eines Ganzen«, aber es wird hierdurch nicht entwertet. Genau umgekehrt verläuft die Entwicklung in Beer-Hofmanns Novelle. Der Einzelne bedarf hier eines abstrakten »Ganzen«, durch das alles individuierte Leben, mit Ausnahme des eigenen, für bedeutungslos erklärt werden kann.

Zu der Novelle »Das Kind« merkte Hofmannsthal kritisch an, daß in den beiden letzten Kapiteln »Erwägung, philosophische Erkenntnis die Führung« nehme. »Nicht, daß er die Nichtigkeit des Individuums im Haushalt der natürlichen Natur einsieht, sollte in Paul die Befreiung herbeiführen, sondern wieder eine Reihe von Zufällen, Luftwellen, die auseinanderwerfen, was die früheren zusammengeweht haben.« Diese Worte verraten insofern ein sicheres Gespür, als gerade die philosophische

Vertiefung, die mehr sein will als eine »Verkettung von Stimmungen«, die Aufmerksamkeit darauf lenkt, daß die in der Novelle enthaltene Problematik nicht gelöst ist. Denn das letzte Ziel aller lebensphilosophischen Bestrebungen: das Bewußtsein, durch das die Individuen sich als endliche und als vereinzelte erfahren, vollständig zu negieren, ist prinzipiell nicht erreichbar; denn noch die Erkenntnis der Bedeutungslosigkeit des einzelnen Bewußtseins ist selbst ein durch das Bewußtsein zu vollbringender Akt. (Deshalb verfällt Beer-Hofmann auf den etwas durchsichtigen Trick, seinen Helden in Schlaf versinken zu lassen, um die Erkenntnis der Bedeutungslosigkeit des Unterschiedes zwischen Menschen und Eintagsfliegen durch eine zeitweilige Ausschaltung des Bewußtseins vorzubereiten.) Ein doppeltes Moment von Gewaltsamkeit bleibt in jedem Falle bestehen. Um sich in seiner neu gewonnenen Haltung der Beziehungs- und Verantwortungslosigkeit zu bestätigen, muß der lebensphilosophisch versierte Ästhet Gewalt nicht nur gegen die Außenwelt anwenden – der nächste Schritt ist, die mit Fliegen gleichgesetzten Menschen auch als solche zu behandeln –, sondern auch gegen sich selbst. Denn die vollständige Auflösung des Bewußtseinsproblems, das Eintauchen in den Lebensstrom, wäre gleichbedeutend mit seinem Tod. Insofern verfährt Hofmannsthal in seinem lyrischen Drama »Der Tor und der Tod« konsequenter als Beer-Hofmann. In dem Augenblick, da es dem Ästheten wirklich gelänge, die durch das Bewußtsein geschaffene Distanz zum »Leben« zu überwinden, wäre es um ihn geschehen.

VIII

Der Minotauros

»Der Tod Georgs« – Erzähltechnik – Wahrnehmung als Aneignung

Im Jahre der Veröffentlichung seiner Erzählung »Der Tod Georgs« (1900) kündigt Beer-Hofmann in einem Brief an Hofmannsthal ein neues Werk an: »Eine kleine Geschichte – im Zusammenhang mit der Ariadne – ist mir eingefallen, und ich möchte sie gerne im Winter schreiben. ›Der Minotauros‹; aber Alles, von dem Innern des Labyrinths aus gesehen.« Wenn diese Geschichte ungeschrieben blieb, obwohl der Plan Beer-Hofmann noch über vier Jahrzehnte später, im New Yorker Exil, präsent war, dann im wesentlichen wohl deshalb, weil sie im »Tod Georgs« bereits vorlag. Denn der Gedanke, das Labyrinth nicht aus der Sicht des Eindringlings Theseus, sondern in der Perspektive des Monstrums zu zeichnen, das in seiner Tiefe lauert, ist sowohl in formal-erzähltechnischer als auch in inhaltlicher Hinsicht die denkbar genaueste Formel für Beer-Hofmanns episches Hauptwerk.

Sie gilt in *formaler* und *technischer* Hinsicht, weil Beer-Hofmanns gelegentlich geäußerter »Sehnsucht, von dem *Sagen von Dingen* loszukommen, und endlich *Dinge und Menschen scheinbar selbst reden zu lassen«,* am ehesten eine Erzählweise entspricht, in der die Differenz zwischen Erzähler und Erzählgegenstand tendenziell aufgehoben ist. Eine solche Erzählweise hatte bereits Hermann Bahr gefordert, auf der Suche nach einer Technik, welche am ehesten geeignet sei, den geheimsten Inhalten einer Seele zum Ausdruck zu verhelfen: »Am nächsten liegt die ›Ich-Form‹. Was über eine Seele ausgesagt wird, bewirkt uns nicht; aber den Bekenntnissen, welche eine Seele von sich selbst aussagt, ist unser Vertrauen geneigt. Das scheint ein einfaches und verläßliches Verfahren«, mit der Einschränkung allerdings, daß »die Kunst der neuen Psychologie«

gerade auf das zielt, »was sich der Selbsterkenntnis (...) entzieht: die Erscheinungen auf den Nerven und Sinnen, noch bevor sie in das Bewußtsein gelangt sind, in dem rohen und unverarbeiteten Zustande.« Die Ich-Form bietet nur dann Gewähr, in größere Tiefen vorzudringen, wenn sie durch »Leute vom Metier« ausgeübt wird, durch Schriftsteller, die zugleich »auf Nervenerforschung eingedrillte« Psychologen sind. »Die ›Ich-Form‹ reicht also nicht aus, weil sie das Nervöse gerade wegläßt, und die fachmännische ›Ich-Form‹ kann höchstens eine Not-Unterkunft gewähren, bis dem Bedürfnisse eine verläßlichere Heimstätte gesichert ist. Diese gilt es. (...) Mehr kann ich auch nicht von ihr sagen; mehr weiß ich nicht.«

Die Erzählweise, die Bahr fordert, ohne schon einen Begriff von ihr zu haben, ist die Technik des inneren Monologs bzw. der erlebten Rede, deren sich Beer-Hofmann nach Dujardin, aber noch vor Schnitzler bedient. Durch diese Techniken, durch die eine Gestalt gleichsam sich selbst präsentiert, läßt sich die irreführende Illusion vermeiden, ein Mensch – der Erzähler – vermöchte Einblick in das Innere einer fremden Psyche zu erlangen. Wo die erlebte Rede, die den Regeln von Grammatik und Syntax im allgemeinen folgt und Sätze meistens zu einem ordnungsgemäßen Abschluß bringt, zum inneren Monolog gesteigert wird, kann sogar, vermittels der unkontrolliert sich einstellenden Assoziationen, eine Innenansicht von solchen Gestalten gegeben werden, die, wie Schnitzlers Leutnant Gustl, ihre psychischen Regungen durch Verdrängung aus dem Bewußtsein fernhalten. Erlebte Rede und innerer Monolog sind also die einzigen Techniken, durch die es möglich wird, die unaufhebbare Isolation der Subjekte zugleich zu gestalten und – nur für den Leser – aufzubrechen.

Die *inhaltliche* Analogie zwischen dem vom Minotauros her gesehenen Labyrinth und dem »Tod Georgs« besteht darin, daß hier wie dort das Subjekt, von dem aus erzählt wird, alles, was in seinen Machtbereich tritt, sich einverleibt, ohne jede Rücksicht auf das Eigenleben dessen, der in seinen Bannkreis tritt. Die Grenzen seines Machtbereichs fallen zusammen mit den Grenzen seiner Wahrnehmungsfähigkeit. Was von diesem Subjekt wahrgenommen wird, gerät in einen Sog, gegen den es keinen Widerstand gibt. »In Aussee traf er sie. Im Dämmern stand er ihr gegenüber; am Wiesenhang, zwischen hohen weißen Narzissen, die so dicht wuchsen, daß jeder Schritt die schlanken Stiele zu knicken drohte. Hinter ihr stieß der Saum der Wiese an den lichten Abendhimmel, und scharf grenzten sich von ihm ab die dichtgedrängten duftenden Blumen und ihre schmächtige weiße Gestalt. Lässig stützte sie ihren Arm auf den zu hohen Griff des Schirmes, und wie sie langsam bergab schritt, glitt ihr Umriß vom lichten Himmel ab auf den weißblühenden Wiesenhang, der steil wie eine Wand hinter ihr emporstieg. Fast körperlos schien sie; nur ihr eignes weißes Bild, das sich in fremden Linien von den Blüten und Stengelgewirr der narzissenübersäten Tapete hob. Vom Rand des Waldes, wo unter dichtem Gestrüpp, das die Sonne nicht durchdrang, auf braunem moderndem Laub noch ungeschmolzen der Schnee des Winters lag, kam ein leichter kühlender Wind, daß sie fröstelnd die Schultern in die Höhe zog. Da hatte er den Arm um sie gelegt und gewußt, daß er sie liebhatte, wie man die Dinge liebhat, denen man Sehnsucht und Glück und Schicksal zu sein vermag.«

Was das Subjekt wahrnimmt, verliert im selben Augenblick sein Eigenleben. Wie für die Spinne sich die Außenwelt auf das Netz reduziert, in dem sich die Opfer fangen sollen, so verwandelt das wahrnehmende Subjekt die Außenwelt in eine Fläche, aus der es für den Gegenstand seiner Begierde kein Entrinnen mehr gibt. Indem dem wahrgenommenen Wirklichkeitsausschnitt die Dimension der Tiefe genommen wird – die Wiese verwandelt sich zu einer »narzissenübersäten Tapete« –, verliert er seine Eigenständigkeit und wird zu einer Fläche, auf die das Subjekt seine Begierden projiziert, so daß alles, was auf dieser Fläche erscheint, nur noch als Objekt der Begierde wahrgenommen wird; das Mädchen wird zu einem »Ding« unter anderen Dingen. Wenn für die Malerei des Jugenstils die Auflösung des Raums in die Fläche charakteristisch ist, ohne daß zugleich die Zentralperspektive, deren Funktion die Illusion der räumlichen Tiefe ist, preisgegeben würde, so läßt diese Stelle erkennen, daß die Analogie von erzählerischer und malerischer Technik nicht auf bloße Nachahmung zurückgeht, sondern ihren Ursprung in der Störung des Verhältnisses von Subjekt und Objekt hat.

In einer Epoche, in der das Tauschprinzip immer mehr Bereiche des Lebens durchdringt, geschieht es schließlich, »daß das Geld allenthalben als Zweck empfunden wird und damit außerordentlich viele Dinge, die eigentlich den Charakter des Selbstzwecks haben, zu bloßen Mitteln herabdrückt.« Die Umwandlung der Gebrauchswerte in bloße Tauschwerte, die Simmel hier beschreibt, die Erfahrung, daß jeder Gegenstand dem Akt des Tausches, der indifferent gegenüber seiner individuellen Beschaffenheit ist, unterworfen werden kann, ruft in den Subjekten schließlich ein Empfinden der Beziehungslosigkeit zur Außenwelt hervor. Denn der Akt des Tausches ist seinem Wesen nach ein Akt der Abstraktion; er hat zur Voraussetzung, daß die Beziehung zwischen Subjekt und Objekt für bedeutungslos erklärt und schließlich zerrissen wird. Hier setzt der Jugendstil an; seine Funktion ist, dieser Beziehungslosigkeit entgegenzuwirken. Da er aber die der Abstraktion des Tausches verfallene Eigenständigkeit der Dinge nicht wiederherstellen kann, muß er ausschließlich an der Subjektseite ansetzen, um die Welt sinnvoll zu strukturieren. »Dereinst werden wir uns weigern«, prophezeit Henry van de Velde, »in einem Raum zu leben, wenn alle daselbst befindlichen Gegenstände nicht den gemeinsamen Willen bekunden, eine einzige seelische Wirkung hervorzurufen.«

Diese Forderung verwirklicht in der Literatur am konsequentesten Richard Beer-Hofmann. In dem erzählerischen Raum, der im »Tod Georgs« gestaltet wird, gibt es nichts, was nicht dem monologischen Bewußtsein Pauls untergeordnet bzw. aus ihm abgeleitet würde. Die Feststellung, daß in diesem Werk der literarische Jugendstil am eindrucksvollsten ausgeformt ist, kann wohl nicht angezweifelt werden; sie entbindet allerdings nicht von der Verpflichtung, im einzelnen der Frage nachzugehen, ob vom »Jugendstil« in der Literatur in einem nicht nur metaphorischen Sinne geredet werden kann; eine bloße Übernahme dekorativer Gegenstände und Gebärden wäre hierzu noch nicht hinreichend. Notwendig ist der Nachweis, daß in beiden Kunstformen die Konstruktion der Wirklichkeit den gleichen Zielsetzungen und den gleichen Techniken folgt.

Wichtigstes Gestaltungsmittel wird für den Jugendstil die den Zusammenhang der Gegenstände herstellende, zum Ornament sich schließende *Linie.* Die Forderung, der die einzelnen Linien des Ornaments zu genügen haben, wird bereits 1856 von Owen Jones in seiner »Grammar of Ornament« aufgestellt: »In Flächendekorationen sollten alle Linien aus einem Hauptstamm fließen. Jedes Ornament, wie weit es auch verzweigt sein mag, sollte sich bis zu seinen Wurzeln zurückverfolgen lassen.« Herrscht dagegen allein die Linie vor, ohne daß die Beziehung auf eine gemeinsame Wurzel erkennbar wäre, so entsteht leicht ein Bild abstrakter Dynamik. Es ist daher kein Zufall, daß für eines der bekanntesten Werke des Jugendstils, Hermann Obrists Wandbehang »Cyclamen« (1895), anstelle des Pflanzennamens sich die abstrakte Bezeichnung »Der Peitschenhieb« durchsetzte: die ausschweifenden, äußerst dynamischen Linien lassen sich zwar auf ein Geflecht von Wurzeln zurückverfolgen, aber diese Wurzeln sind nicht nur klein gehalten, sie ordnen sich vor allem der Linie dadurch unter, daß sie nach oben weisen, als Wurzeln erst auf den zweiten Blick kenntlich. Für die Entwicklung des Jugendstils ist diese Tendenz zur abstrakten Dynamik charakteristisch: das berühmteste Plakat des Jugendstils, van de Veldes »Tropon«, wirbt für die unter dieser Bezeichnung verkaufte Eiweißnahrung (»schafft Mark und Kraft«).

Dagegen ist die Forderung von Jones, das Ornament müsse sich auf einen »Hauptstamm« zurückführen lassen, exemplarisch verwirklicht in der 1903 veröffentlichten Zeichnung einer Kerze von Marcus Behmer. »Kaum ein Werk könnte für den Art Nouveau typischer sein«, bemerkt Schmutzler zu Recht. »In vollkommener Flächigkeit zeigt sie das Hauptmerkmal der schwingenden Linie, die in taumelnden Kurven der brennenden Kerze entquillt. So langgedehnt ist die lineare Bewegung, daß sie bei durchgehendem Fluß mehrmals die Richtung zu ändern vermag (...). Die Kurvenführung ist eigentümlich flach, das Tempo, in dem die linear begrenzte schmale Bahn sich überschlägt, ist langsam, und die Richtung ändert sich stets in weichen Rundungen. (...) Naturbeobachtung klingt von ferne nach, aber alles Gegenständliche ist entwertet und bietet nur den Anlaß für ein Formenspiel von melodiöser Linienkonsonanz. (...) Zwischen den gemeinten, den Positivformen, und den Intervallen, den Negativformen, zwischen Schwarz und Weiß stellt sich eine Vertauschbarkeit, ein Komplementärverhalten her, das nicht zuletzt auf dem Schwinden greifbarer Gegenständlichkeit beruht.«

Jedes der von Schmutzler beschriebenen Strukturprinzipien ist auch für Beer-Hofmanns Roman konstitutiv. Der ausschweifende, ausladende, kaum nach vorwärts drängende, sondern sich in die Fläche erstreckende Bewußtseinsstrom, aus dem die Erzählung ausschließlich besteht, ist mit der von Schmutzler beschriebenen »Linienführung« nicht nur in einem vordergründigen Sinne zu vergleichen. Pauls üppige Assoziationen, die Produkte seiner alle einzelnen Gegenstände verbindenden bzw. sie sich unterwerfenden Einbildungskraft sind Ornamente, die sich sämtlich auf *einen* Ursprung, sein Bewußtsein,

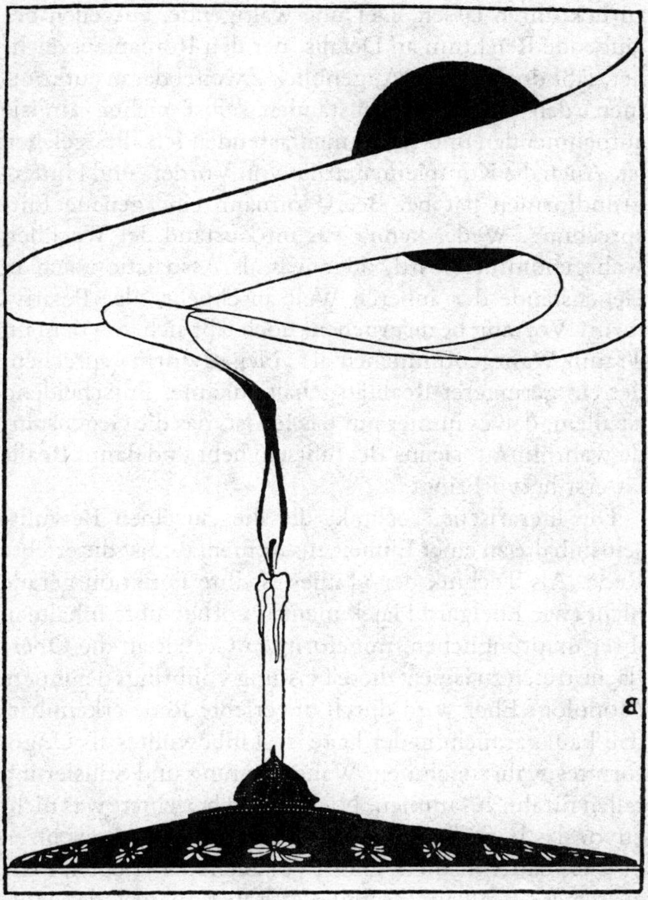

Marcus Behmer, Kerze, 1903

zurückführen lassen. Der überwältigende, zuweilen betäubende Reichtum an Details, der den Roman auszeichnet, läßt doch keinen Augenblick Zweifel daran aufkommen, daß an den Gegenständen selbst nichts, am sie aufnehmenden und zusammenfassenden Ich alles gelegen ist. Auch die Komplementarität von Vorder- und Hintergrundformen hat bei Beer-Hofmann eine genaue Entsprechung. Weder kann, was im Zustand der Wachheit wahrgenommen wird, oder was als Assoziation sich an Gegenstände der äußeren Welt anschließt, als »Positivform« Vorrang beanspruchen, noch läßt sich von dem im Traum Wahrgenommenen als »Negativform« sprechen, der ein geringerer Realitätsgehalt zukäme. Entscheidend ist allein, daß es immer nur das Ich ist, das die Gegenstände wahrnimmt, sie ins Bewußtsein hebt und damit Realität erst hervorbringt.

Die literarische Technik, die die einzelnen Bewußtseinsinhalte zu einer Einheit zusammenfaßt, ist die erlebte Rede. Als Technik der »Linie« ist ihre Funktion gerade nicht (wie Edelgard Hajek meint), vorbewußte Inhalte in ihrer ursprünglichen, ungeformten Gestalt an die Oberfläche treten zu lassen; diese Leistung vollbringt der innere Monolog. Eher wird durch die erlebte Rede erkennbar, daß Paul gar nicht in der Lage ist, Unbewußtes als Ungeformtes wahrzunehmen: Wahrnehmung und Stilisierung fallen für ihn zusammen. Nichts wird berichtet, was nicht zuvor das Bewußtsein mit allen seinen Kontrollinstanzen passiert hätte. Insofern fällt es vor allem der erlebten Rede zu, jenes »Centrumsgefühl« zu konstituieren, das Hofmannsthal als für die künstlerische Produktion unabdingbar ansah. Die erlebte Rede wird somit zum entscheidenden Strukturmerkmal. Sie ist die Technik, die, indem sie gleichsam den Bewußtseinsstrom durch die erstarrten und isolierten Gegenstände hindurchfließen läßt, diese wieder zueinander in Beziehung setzt, ohne jedoch die Gefahr heraufzubeschwören – die sich am Schluß der Novelle »Das Kind« abgezeichnet hatte –, daß das Ich in den Prozeß der Entwertung aller einzelnen Dinge, der mit dieser Herstellung umfassender Beziehungen einhergeht, selbst hineingezogen wird. Wenn die ungebändigte, alles mit allem verknüpfende Einbildungskraft Pauls die Tendenz hat, das Ich in einem undifferenzierten Lebensstrom untergehen zu lassen, so läßt die erlebte Rede noch die entlegensten Assoziationen als vom Ich abhängig erscheinen. Durch die Technik der erlebten Rede scheint der Traum des Ästheten realisierbar zu werden, das Ich so weit zu entgrenzen, daß es mit der Welt zusammenfällt, und es zugleich so zu stärken, daß die ganze Welt nur noch als Inhalt dieses einen Ich erscheint.

Das illusionäre wie das gewalttätige Moment dieser Konstruktion besteht darin, daß – wie im Falle der Potemkinschen Dörfer – »Welt« auf den Bereich subjektiver Wahrnehmung beschränkt wird. Nahe liegt es, ästhetizistische Wahrnehmung im Zusammenhang der imperialistischen Politik zu sehen. So stellt in Schnitzlers Drama »Der einsame Weg« ein anderer Ästhet die aggressive Frage: »Verleiht es nicht schließlich auch ein gewisses Anrecht auf jemanden, wenn man seiner bedarf?« Mit gleicher Selbstverständlichkeit bemächtigt Paul sich einer Frau, die er als einen seiner augenblicklichen Bedürfnisstruktur genau entsprechenden Reiz wahrnimmt. Dabei ist es nicht etwa erotische Ausstrahlung, die die Frau für Paul reizvoll werden läßt. Sein Besitzstreben geht weit über sexuelles Begehren hinaus; es ist totalitär angelegt, eine Art psychischer Imperialismus. »Vom Rande des Waldes (...) kam ein leichter kühlender Wind, daß sie fröstelnd die Schultern in die Höhe zog. Da hatte er den Arm um sie gelegt und gewußt, daß er sie liebhatte, wie man die Dinge liebhat, denen man Sehnsucht und Glück und Schicksal zu sein vermag.« Reflexhaft einrastend stellt »Liebe« sich dann ein, wenn die ohnehin überschmale Gestalt zur fast umfanglosen Linie, zum Ornament geworden ist, das seine Wurzel – »Sehnsucht und Glück und Schicksal« – ausschließlich im Bewußtsein des besitzergreifenden Subjekts hat.

IX

Innen und Außen

Der Tod als letzter Gebrauchswert – Aufhebung von Raum und Zeit – Verarbeitung einer Irritation – Entkörperlichung – Historismus und Bewußtsein – Erlösung durch die femme enfant – Der Ästhet als Schöpfer und Antiquitätenhändler

»So hätte er sein mögen, wie der! So stark und gesund im Empfinden, wie der da drinnen; und den Willen, den starken Willen, und den Glauben an das, was er wollte, hätte er haben mögen!« Beer-Hofmanns Gestalt, ebenso wie Hofmannsthals »Tor« Claudio, leidet darunter, das »Menschenleben« zwar verstehen, nicht aber in es sich »verweben« zu können. Beide Werke sind im wesentlichen ein Prozeß der Heilung von dieser als Krankheit empfundenen Unfähigkeit, mit dem Unterschied, daß in Hofmannsthals lyrischem Drama »Heilung« allein durch den Tod als möglich erscheint: »Worin liegt eigentlich die Heilung?«, notiert Hofmannsthal zu diesem Stück. »Daß der Tod das erste wahrhaftige Ding ist, das ihm begegnet, das erste Ding, dessen tiefe Wahrhaftigkeit er zu fassen imstande ist. Ein Ende aller Lügen, Relativitäten und Gaukelspiele.«

Gänzlich verfehlt wäre es, hierin eine moralische Verurteilung Claudios sehen zu wollen. Wolfdietrich Rasch hat in einer neueren Arbeit dieser Auffassung Richard Alewyns zu Recht widersprochen. Vielmehr zieht Hofmannsthal, indem er Claudio sterben läßt, aus dem Prozeß der Umwandlung der Gebrauchswerte in Tauschwerte die Konsequenz: wo alle Gegenstände »relativ« werden, weil sie – in Simmels Terminologie – zu austauschbaren Gliedern in unendlichen »Reihen« werden, wird der Tod gleichsam zum letzten Gebrauchswert, zum einzigen

Erlebnis, das das Subjekt nicht als austauschbar erkennt. Wenn dagegen Beer-Hofmann seinen Helden am Ende ins Leben zurückfinden läßt, so wird dieser scheinbar grundlegende Unterschied dadurch relativiert, daß Paul nur deshalb nicht selbst den Tod erleiden muß, weil er es versteht, andere für sich sterben zu lassen.

Die Fähigkeit, die sein Überleben ermöglicht, ist seine Einbildungskraft. Sie funktioniert mit der Exaktheit einer Tötungsmaschine, indem sie allem, was durch die Wahrnehmung in ihren Bereich gerät, das Leben entzieht. Was sie ergreift, läßt sie zum Ornament werden, das, in völliger Abhängigkeit vom Bewußtsein des wahrnehmenden Subjekts, dieses als alleinigen Grund von »Sehnsucht und Glück und Schicksal« erscheinen läßt. Auf diese Weise wächst dem Ich des Ästheten, das an sich dem Leben völlig beziehungslos gegenübersteht und sich deshalb als leer und sinnlos erfährt, eine gleichsam sekundäre Substantialität zu: seine Leere wird von ihm selbst verdeckt durch den Schein, die alleinige sinnstiftende Instanz zu sein.

In einem Brief an Beer-Hofmann bemerkt Schnitzler, es sei zwar ein Zeichen von Qualität, daß der Roman im Leser das Verlangen nach wiederholter Lektüre wecke; daß jedoch mehrfaches Lesen *notwendig* sei, um überhaupt zu einem vorläufigen Verständnis zu gelangen, sei doch wohl als künstlerischer Fehler einzuschätzen. (Es ist im übrigen nur sehr bedingt möglich, von Beer-Hofmanns Werk als einem »Roman« zu sprechen; der Totalitätsanspruch, den das Bewußtsein des Ästheten erhebt, verweist auf diese Gattung, seine monologische Struktur indessen ist mit der Romanform eigentlich unvereinbar. Beer-Hofmann selbst hat auf die Angabe einer Gattungsbezeichnung verzichtet.) In der Tat scheint Beer-Hofmann den Leser bewußt irreführen zu wollen, wenn er Wachheit und Traum ineinander übergehen läßt, wenn er die verschiedenen Episoden so ineinander verschachtelt, daß zunächst unklar bleibt, auf welche Weise sie mit der

Erzählgegenwart, dem Bewußtsein Pauls, zusammenhängen. So ist das zweite Kapitel, Pauls Traum von einer sterbenden Frau, zunächst weder als Traum erkennbar, noch wird deutlich, daß in diesem Traum ein als Erinnerung auftretender weiterer Traum, die – irreale – Geschichte von Pauls Jugend, einmontiert ist; in diese Jugendgeschichte wiederum ist die Tempelszene eingeblendet, die sich als Reminiszenz an eine Lektüre des Heranwachsenden erst nachträglich erschließt. Nicht minder schwierig ist es, das dritte Kapitel als eine Serie von ineinandergeschachtelten Tagträumen zu erkennen; nicht ohne weiteres ist etwa die Darstellung der verschiedenen Altersstufen des menschlichen Lebens erschließbar als imaginäre Erinnerungen von imaginären Sterbenden, als Phantasien also, die sich an die Versuche Pauls anschließen, sich vorzustellen, wie Georgs Leben als Arzt verlaufen wäre, hätte der Tod ihn nicht überraschend ereilt.

Die Absicht, die Beer-Hofmann mit diesem extrem komplizierten Aufbau verfolgt, ist deutlich: Nicht allein sollen Traum und Wirklichkeit ineinander übergehen, sondern vor allem soll der Unterschied zwischen Wahrnehmung der Realität und der Tätigkeit der Phantasie eingeebnet werden. Dadurch, daß Paul längst Vergangenes, wie den antiken Tempelkult, mit der gleichen Intensität erlebt wie nie Geschehenes, die Lebenserinnerungen der imaginären Patienten Georgs, wird bereits die überraschende Lösung des letzten Kapitels, das Gefühl der Einheit mit dem jüdischen Volk, vorbereitet. Denn mit dem Unterschied von Wahrnehmung und Imagination werden zugleich Raum und Zeit aufgehoben. Die Episoden, die Pauls Einbildungskraft hervorbringt, lassen sich nicht in ein Verhältnis des Nacheinander bringen; scheinhaft werden auch die Unterschiede des Raums: das antike Syrien des Tempelkults und die »realistisch« ausgemalte, sogar mit einem Hinweis auf einen dem Fremdenverkehr dienenden »Verschönerungsverein« versehene – aber doch geträumte! – oberösterreichische Topographie haben einen gemeinsamen Ort, das Bewußtsein Pauls. Insgesamt wirkt der Roman – um einen dem Jugendstil angemessenen Vergleich zu wählen – wie ein Teich, dessen Oberfläche von üppigen Seerosen so vollständig bedeckt ist, daß der gemeinsame Wurzelgrund der ausladenden Blüten unerkennbar bleibt. Zweifellos entspringt diese ungehemmte Tätigkeit der Phantasie dem Bedürfnis, die eigene Isolation aufzuheben, den Druck der Individuation zu mildern. Zugleich jedoch wird fraglich, ob eine Phantasie, der buchstäblich alle Möglichkeiten offen sind, überhaupt Raum für eine »Entwicklung« läßt. Wo alle Gegensätze allein durch die Einbildungskraft überbrückbar sind, ist die Notwendigkeit, aber auch die Möglichkeit eines wirklichen Geschehens eigentlich nicht mehr gegeben.

Die ersten beiden Kapitel zeigen Paul als einen Menschen, der zwar – mit den reizbaren Nerven der »modernen« Generation ausgestattet – durch die Außenwelt leicht irritierbar ist, der jedoch eine solche Irritation nicht zum Anlaß einer aktiven, ernsthaften Auseinandersetzung mit der Realität nimmt. Seine Reaktion beschränkt sich darauf, durch einen weiteren – beinahe beliebigen – Reiz seine Einbildungskraft tätig werden zu lassen, um diese Irritation wieder zu beseitigen. Das die Erzählung einleitende kurze Gespräch mit dem zufällig vorbeikommenden Doktor, unmittelbar nach Georgs Ankunft, bleibt die einzige »objektive«, das heißt für den Leser überprüfbare, weil nicht vorab durch Pauls Bewußtsein präformierte Berührung mit der Außenwelt. Schon hier deutet sich die Verfahrensweise seines Bewußtseins an. Was Paul aus dem Gespräch allein in sich aufnimmt, ist die achtlos hingeworfene, auf Georgs rasche Karriere bezogene Phrase »Glück muß der Mensch haben!« Zwar wird Paul bewußt, daß dieses Wort ihn getroffen hat – »Der traurig neidvolle Ton klang in ihm nach. ›Glück!‹ Freilich nicht so, wie der Doktor es meinte« –, aber er bemerkt nicht, daß dies der Grund für eine Unruhe ist, die ihn, der eben noch zu »müde« war, um der Einladung des Doktors zu einem Spaziergang zu folgen, zu einer motorischen Abreaktion veranlaßt: »Er wollte sich müde gehen«. So bemerkt er auch nicht, daß sein scheinbar zielloser Spaziergang in Wahrheit eine Suche ist, die schon bald auf ihr Ziel trifft, »eine schmächtige Gestalt, die ihn streifte«.

Dieser flüchtige, ihn nur »streifende« Kontakt ist bereits alles, was er an Berührung mit der Außenwelt bedarf. Alles weitere besorgt seine durch diesen Reiz angeregte, nun selbständig weiterarbeitende Phantasie. »Schön war sie ja eigentlich nicht, aber etwas in ihr erinnerte an vieles Schöne; ein schwacher Schein von entfernter und fremder Schönheit schien über sie zu gleiten.« Entscheidend ist nicht, daß er dieser Frau bereits begegnet ist – Paul zeigt denn auch nicht das geringste Interesse, sie näher kennenzulernen –, entscheidend ist vielmehr, daß ihre »schmächtige Gestalt« geeignet ist, Assoziationen in ihm wachzurufen, deren er in diesem Augenblick bedarf, um die durch das Wort »Glück« hervorgerufene Unruhe abzureagieren.

Bereits unmittelbar nach der Begegnung entwirft seine Phantasie ein Bild, das mit der Frau, der er in Wirklichkeit begegnet ist, fast nichts mehr zu tun hat: »Wenn ihre schlanke knabenhafte Gestalt, von einem enganliegenden Kleid umschlossen, ruhig dastand, den Kopf leicht zur Seite gewandt, die Hand vor sich hingestreckt auf dem zu hohen Griff des Schirmes ruhend, mußte er an Bilder denken, auf denen Erzengel in stählernem goldtauschiertem Panzer ihr Schwert vor sich hin in den Boden stemmten. Wenn sie dann gegen Mittag auf dem Rückweg an ihm vorbeischritt, hatte sie manchmal den Hut abgenommen und trug ihn in der Hand. Der tiefe Schatten des Waldes und dann wieder verirrte Sonnenstrahlen färbten ihre Wangen und ihr leicht gewelltes Haar. In verstaubten Winkeln eines Antiquitäten-Ladens standen Statuetten von Heiligen, die ihr glichen; ihre Wangen schienen den matten Glanz von lichtem Holz zu haben – nur auf den

Lippen hing blasses Rot, wie leichte flüchtige Übermalung. Das Haar schien dunkel; Weihrauchqualm, der sich schwer in die Flechten legte, und die Flamme geweihter bunter Kerzen, die in Wandleuchtern duftend brannten, hatten es geschwärzt, und nur an wenigen Stellen leuchtete es noch von früherer Vergoldung. Hart und ungefügig bewegten sich ihre hagern Kinderarme, als hätten sie noch nicht gelernt, umarmend sich um den Hals des Geliebten zu schlingen, und ihre verschlossenen knospenden Formen schienen den Tag zu erwarten, an dem die Liebe schwellen und öffnen würde, was jetzt noch verschüchtert schlief.«

Hatte er sich noch vor einem Augenblick daran erinnert, daß er die Frau immer nur in hastiger Bewegung, als fliehe sie vor seinem Blick, gesehen hatte, so läßt seine Einbildungskraft sie nun zum *Bild* erstarren. Die einleitende Konjunktion (»Wenn«) soll von der Ausblendung der Realität ablenken, sie soll suggerieren, daß dieses nur durch die Phantasie produzierte Bild sich an wiederholten, fast gewohnheitsmäßigen wirklichen Wahrnehmungen orientieren könnte. Nach einer einzigen wieder realitätsgerechten Erinnerung – an den Anblick ihrer Haare – wird dieser Transformationsprozeß weitergeführt. Die Frau erstarrt nicht nur in Pauls Phantasie: sie wird darüber hinaus noch mit »Statuetten von Heiligen« in Beziehung gesetzt. Daß es sich hier nicht um eine bloße Assoziation handelt, die die Frau in ihrer wirklichen Existenz nicht in Frage stellte, sondern um die totale Identifikation eines Menschen mit leblosen Gegenständen, wird dadurch erkennbar, daß der Satz »ihre Wangen schienen den matten Glanz von lichtem Holz zu haben – nur auf den Lippen hing blasses Rot, wie leichte flüchtige Übermalung« sich ebenso auf die Frau wie auf die Statuetten bezieht. Paul *vergleicht* nicht die Frau mit Statuetten, er läßt sie vielmehr selbst *zur Statuette werden*. Eine letzte auf Wirklichkeit bezogene Wahrnehmung – »Hart und ungefügig bewegten sich ihre hagern Kinderarme« – schließlich leitet über zu der Vorstellung einer durch Entsexualisierung vollständig ihrer Weiblichkeit beraubten Frau.

Damit hat seine Phantasie ein Wunschbild hergestellt, an das sich nun die eigentliche Ursache seiner Irritation heften kann: »›Glück!‹ Er sprach das Wort nicht, seine Lippen bebten es nur, und er fühlte, wie Sehnsucht ermattend über ihn floß.« Indem Paul, geleitet durch das selbstproduzierte Wunschbild, den Grund seiner Irritation in ein Wort zu fassen vermag, findet ein erster Entspannungsschub seinen vorläufigen Abschluß. Zugleich wird eine weitere Verarbeitungsphase eingeleitet. Sie besteht darin, daß Paul, dem die Begegnung zum Bewußtsein eines zuvor nur diffus empfundenen Glücksverlangens verholfen hatte, nun die Außenwelt und den aus dem psychischen Innenraum aufgestiegenen Impuls miteinander zu vermitteln trachtet. Ein von einer Wolke verhangenes Tal wird ihm zur Bühne, auf der die Bilder erscheinen, die durch den Begriff »Glück« assoziativ ausgelöst werden. »Drüben am andern Ufer, wo das Tal sich öffnete, war eine weiße Wolke wie ein mächtiges Schiff zwischen dunkle Berge gebettet. Träg wiegte sie sich über dem dünnen Nebel, der den Talspalt unter ihr füllte, und wie jetzt ein leichter Windhauch von den Bergen her sie traf, lösten sich ihre Ränder und verrannen im Nebel, daß es wie ein breiter Vorhang aus den Wolken herab zur Erde wallte.« Paul erweist sich der gleichnamigen Gestalt aus der Novelle »Das Kind« dadurch als überlegen, daß es ihm dank seiner reichen Einbildungskraft ohne weiteres gelingt, den abstrakten Begriff (»Glück«) mit Anschauung zu füllen. Die verschiedenen Bilder, die er mit dem Begriff »Glück« verbindet, präsentieren sich ihm in einer theatralischen Vorstellung. Daß die Außenwelt zur Bühne wird, erzeugt die Illusion, hier werde tatsächlich eine Vermittlung mit dem psychischen Innenraum möglich, während doch in Wahrheit das gesamte Schauspiel nur aus subjektiven Projektionen besteht, die einander so lange abwechseln, bis Paul dasjenige Bild in der Außenwelt glaubt wiedergefunden zu haben, das seinem Glücksverlangen am ehesten entspricht. Auch in Paul ist die Einbildungskraft »sehr mächtig in Schaffung gleichsam einer andern Natur«, aber sie produziert keine »ästhetischen Ideen«, die, indem sie »Erfahrung« nach »Prinzipien« umbilden, »die höher hinauf in der Vernunft liegen«, dennoch der Außenwelt keine Gewalt antun, sondern sie zwangfrei mit der menschlichen Vernunft vermitteln. Durch die ästhetischen Ideen stellt sich, Kant zufolge, ein »freies Spiel« ein zwischen dem Verstand, der auf die Erkenntnis der Realität gerichtet ist, und der Vernunft, in der sich das Bedürfnis der Menschen meldet, daß die Außenwelt der menschlichen Subjektivität nicht fremd gegenüberstehe.

Davon kann bei Paul keine Rede sein. Seine Einbildungskraft produziert, vergleichbar einem Kaleidoskop, fixe Bilder – sie rastet ein, wenn eines dieser Bilder den starren Strukturen des Subjekts entspricht. Daher werden die Glücksvorstellungen, die noch einen Rest erotischer Spannung enthalten, abgelöst von einem Bild, das die bereits bei der realen Begegnung vollzogene Entkörperlichung der Frau wieder aufnimmt: »was sich um den dürftigen Leib dort weich und taudurchfeuchtet legte, war ein Sterbekleid und trug das blendende Weiß, zu dem der Tod die Knochen bleicht (. . .). Weit in den Nacken zurückgeworfen, als zöge es die schwere Flut der dunklen Haare dahin, war das Haupt. (. . .) Sie schien regungslos und kam doch näher. Mit geschlossenen Füßen glitt sie über die Wiesen, als triebe sie ein leichter Wind ihm zu, und wie sein eigner Atem tief und schwer ging, war es ihm, als söge er sie mit jedem Atemzug an sich heran.«

Es ist das Bild einer Toten, das am reinsten Pauls Glücksvorstellung entspricht. Erst wenn die Entkörperlichung so weit vorangetrieben ist, daß der eigene Atem das Liebesobjekt – das aufgehört hat Objekt zu sein – in sich einsaugen kann, ist die anfängliche Irritation vollständig verarbeitet: über die Vorstellungen »Blüten« – »Schnee« –

»Tränen« findet Paul in die Wirklichkeit zurück: »Er fühlte, wie es kühl über seine Wangen glitt, und schrak zusammen; aber es war nur ein Tropfen von den vielen, die zitternd an den Spitzen der dunkeln Blätter über ihm hingen, und das drüben waren nur Wolken, die sich ballten und verrinnend lösten – und was er als Sehnsucht empfand, vielleicht nur die müde Zärtlichkeit, ehe der Schlaf kam.« Die theatralische Vorstellung, die das Subjekt – wie der in sich selbst versunkene König Ludwig II. – nur für sich selbst veranstaltet hat, ist beendet. Die Bühne, auf der das Ich sich eine eigene Welt in die Welt gebaut hat, bleibt verlassen zurück. Die Außenwelt wird nicht mehr benötigt von einem Subjekt, dessen Einbildungskraft die vage Beunruhigung über die eigene Isolation, über die Unfähigkeit, sich einem Objekt zuzuwenden, durch die vollständige Absorption alles Nichtsubjektiven beseitigt hat. »Er schlief.« Der vollendet narzißtische Charakter, der zu nichts und zu niemandem eine Beziehung herstellen kann, beruhigt sich in einem Größenwahn, der ihm die ganze Welt untertänig und eben hierdurch für immer unerreichbar werden läßt.

Daß das folgende Kapitel, das den Traum Pauls vom Sterben »seiner« Frau zum Inhalt hat, für den Leser erst sehr spät als Traum erkennbar wird, ist nicht zuletzt darauf zurückzuführen, daß die Irritation, die Paul aufgestört hat, am Ende des einleitenden Kapitels in einer keiner Weiterführung mehr bedürfenden Vollständigkeit abgebaut zu sein scheint. Aus diesem Grund – nicht etwa nur, weil Beer-Hofmann den Traumcharakter absichtlich verwischt – nimmt der Leser die Darstellung des Todes von Pauls Frau bereitwillig als Realität auf, bis sich am Ende des Kapitels überraschend herausstellt, daß es sich bei diesem Geschehen eigentlich nur um eine maßlos aufgeblähte Wiederholung des bereits im ersten Kapitel vollzogenen psychischen Ablaufs handelt. War schon dort die Wirklichkeit hinter den Phantasien Pauls fast verschwunden, so wird es durch das Medium des Traums möglich, diesen Prozeß noch weiter zu treiben. Der einzige Unterschied besteht darin, daß die tödliche Konsequenz von Pauls Phantasietätigkeit, die zuvor zwar absehbar, aber nicht explizit geworden ist, sich nun ohne jede Verschleierung zu erkennen gibt.

»Aber nein – – das war ja Wahnsinn«, ruft Paul nach dem Erwachen sich ins Bewußtsein; »sie lebte ja; noch vor kaum drei Stunden war er ja da unten am Wasser ihr begegnet! Ja – – die lebte; aber die war ihm ja gleichgiltig. Nur ihre Züge hatte er der andern geliehen, die gestorben war. Was wußte er denn von der Lebenden, und was war sie ihm? (...) Was ging sie ihn an? (...) Die, die gestorben war – die liebte er.« In der Tat kommt seine Art, sich der Realität gegenüber zu verhalten, dem »Wahnsinn« nahe, einer paranoiden Persönlichkeitsstörung. Der Paranoiker »kann nicht aufhören« (Horkheimer und Adorno: »Dialektik der Aufklärung«) – die gleiche Unfähigkeit charakterisiert das ästhetizistische wie das narzißtische Verhalten. Weil es weder dem Paranoiker, noch dem Ästheten, noch dem Narziß gelingt, ihr Ich der Außenwelt zu vermitteln, setzt diese dem Prozeß der Aneignung, der jeder Akt der Wahrnehmung *auch* ist, keinen Widerstand entgegen. Daher führt Wahrnehmung nicht mehr zu Erkenntnis, sondern löst nur noch einen Aneignungsreflex aus, der, weil er nicht über die Subjektgrenze hinausführt, ins Unendliche zwanghaft wiederholt werden muß, wobei der Mangel an tatsächlicher Wirklichkeitsgewinnung durch einen ins Maßlose gesteigerten Herrschaftsanspruch scheinbar ausgeglichen wird. Das ist der Grund, weshalb im zweiten Kapitel aus dem flüchtigen Moment der Begegnung sieben Jahre geworden sind, eine Ehe, die im wesentlichen aus dem langsamen Sterben der Frau besteht. Immer weiter muß das krankhafte Ich seinen Herrschaftsanspruch steigern, bis es sich schließlich beruhigen kann: »er fühlte«, heißt es am Ende des Kapitels, »wie etwas sich in ihm löste, und er konnte aufschluchzen, und endlich weinen«. Weil es nur, wie Hofmannsthal ahnte, Potemkinsche Dörfer sind, die das Ich wahrnimmt, Kulissen, die aus seinen eigenen Grenzen bestehen, in denen es gefangen ist, bedarf es des Größenwahns, damit aus dem engen Bezirk ein Weltreich wird.

Ins Zimmer »seiner« kranken Frau nimmt Paul »eine große Schnur lichtwolkiger Bernsteinperlen« sowie einen »Band von ›Tausend und eine Nacht‹« mit, »das einzige«, was er in dieser Zeit zu lesen vermag. Sein Verhältnis zu dieser Frau ist in diesen Gegenständen verkörpert. Daß die Geschichten von Tausendundeiner Nacht gerade in der zweiten Hälfte des 19. Jahrhunderts sich zunehmender Beliebtheit erfreuen (Wolfgang Köhler hat diesem Phänomen eine aufschlußreiche Studie gewidmet), hängt mit dem sich ausbreitenden historischen Bewußtsein aufs engste zusammen. Wenn für den Historismus die Geschichte »das aufgeschlagene Buch einer an menschlicher schöpferischer Kraft reichen Vergangenheit« wird (Michael Müller), so werden durch diesen Akt der Ästhetisierung zwar sämtliche Ausdrucksformen noch der entferntesten Vergangenheit dem Bewußtsein und damit auch der bewußten Verfügung zugänglich, zugleich jedoch verlieren die geschichtlich tradierten Lebensformen ihre Selbstverständlichkeit; an ihre Stelle treten historisches Bewußtsein und historisches Wissen, die doch keinen Ersatz für die verlorene Naivität bieten können. Gerade das historische Bewußtsein bleibt, auf eine sehr schmerzhafte Weise, *Bewußtsein,* weil es, indem es die Vergangenheit beschwört, immer auch die unaufhebbare Distanz hervorruft, durch die sie von der Gegenwart getrennt ist. Da den bürgerlichen Künstlern eine Umgestaltung der politischen Realität zu einer Lebensform, in der die geschichtliche Entwicklung wieder selbstverständliche Geltung beanspruchen könnte, nicht in den Sinn kommt, bleibt zur Überwindung der identitätszerrüttenden Kontingenzen nur der Rückzug in einen Zustand *vor* aller Geschichte. Dieser Tendenz kommen die Märchen von

1001 Nacht entgegen. »Mit klaren ungequälten Augen sahen die Menschen dieses Buches. Runde scharfgeprägte Gefühle von zweifelloser Geltung bewegten sie. (...) Kein blindes Geschick schlich hinter ihnen und schlug sie tückisch von rückwärts zu Boden; in weiter Ferne, regungslos, mit unerbittlich offenen Augen, harrte ihr Schicksal ihrer; sie wandelten den Weg zu ihm, wenn sie vor ihm flohen. (...) So schien es, als könne keinem dieser Menschen etwas geschehen, denn jedem ward nur das Schicksal, das ihm bestimmt.« Die Gestalten in diesen Märchen folgen den überlieferten Formen des Lebens in so selbstverständlicher Weise, daß sie des Bewußtseins nicht bedürfen. Das macht sie attraktiv für die durch den Historismus geprägten Menschen, die, um sich in einer Welt ohne fraglos gültige Bindungen zu orientieren, in keinem Augenblick auf das Bewußtsein verzichten können. Der Band mit den Märchen von 1001 Nacht, mit dem Paul in das Zimmer der Frau tritt, verweist auf die Funktion, die sie in seinem Leben hat: sie soll ihm ein Stück der verlorenen Naivität zurückbringen.

Die Sehnsucht nach einem Zustand vor aller Geschichte wirkt sich in seinem Verhältnis zu der Frau dadurch aus, daß sie in seiner Phantasie in einen embryonalen Zustand zurückversetzt wird. Die für den Jugendstil charakteristische Gestalt der »femme enfant«, die Befreiung vom Druck des Bewußtseins verheißt, erfährt bei Beer-Hofmann eine radikale Ausprägung: »Es waren knospende dürftige Formen, die sich verrieten – nicht zeigten; ihre großen braunen Augen sahen, aber es schien, als hätten sie noch nicht blicken gelernt; die Arme konnten wohl tragen und lässig sich biegen, aber nicht umschlingen; unfrei und gebunden schien alles, und doch nach Erlösung sich sehnend.« »Erlösung« bedeutet sie allerdings zunächst für den in der ästhetizistischen Lebensform Befangenen (»Er fühlte es, daß er weniger litt, seitdem sie neben ihm lebte«), da sie das gleiche unerschütterte Verhältnis zur Überlieferung hat wie die Gestalten aus 1001 Nacht: und hierdurch Befreiung von einer mit unbezweifelbarem Sinn nicht vereinbaren Wachheit des Bewußtseins verspricht. Diese Art der Erlösung von dem allen Sinn relativierenden Bewußtsein aber bleibt, wie ihr Tod zeigt, gebunden an die Idee des Opfers. Auf einem 1892–93 entstandenen Bild von Johan Thorn Prikker, »De Bruid« (Die Braut), gehen der Kranz der Braut und die Dornenkrone des hinter ihr sichtbar werdenden Gekreuzigten ineinander über. Nicht anders verhält es sich in Beer-Hofmanns Roman. »Oft nur mit einem Lächeln und dann wieder mit scheinbar spielenden klugen Worten rührte er an dem, was ihr unantastbar geschienen. Er nahm ihr den Glauben an einen gütigen Gott, der ihr Schicksal lenkte, und ließ ihr nichts als verzehrende Sehnsucht nach Glauben; wo sie frei und ahnungslos auf sicherem Boden geschritten war, ließ er sie auf die dunkeln gurgelnden Wasser des Abgrunds unter ihr horchen und lehrte sie, in ihr eignes Leben mit Zweifel und fragenden Augen zu sehen. Was ihr armer kindlicher Sinn als seinen unveränderlichen edlen Besitz erachtet, hatte sie ihm gläubig emporgereicht; und wie seine kalten prüfenden Finger es ans Licht hielten, war aller Glanz erloschen, und was ihr ewig leuchtend erschienen, war nur stumpfes farbiges Glas.«

Wenn Pauls Leiden am Bewußtsein nur in dessen Erlöschen, im Tod, ein Ende finden könnte, so bedeutet die Begegnung mit dieser Frau Linderung seines Leidens und die Möglichkeit des Weiterlebens. Da jedoch ihre unreflektierte Sicherheit für Paul nur dadurch zum Trost zu werden vermag, daß er sie als solche erkennt – also durch einen Akt des Bewußtseins –, wird seine Reflexion nicht etwa stillgestellt. Vielmehr wird ihm der selbstverständliche Sinnzusammenhang, in dem die Frau lebt, zum ästhetischen Erlebnis, was zur Folge hat, daß – wie im Historismus – immer mehr Bereiche vordem unreflektierten Lebens in den Reflexionsprozeß hineingerissen werden. Seine Ehe mit dieser Frau wird daher zu einem Aneignungsprozeß, der erst dann ein Ende findet, wenn das letzte Stück Unmittelbarkeit und die letzte durch Tradition verbürgte Sicherheit durch das Bewußtsein aufgezehrt ist: am Ende steht daher, an der Stelle des eigenen Todes, der Opfertod der Frau.

Das Geschenk, das Paul der sterbenden Frau mitbringt, ist eine Kette aus Bernstein. Mit Bernstein waren im vorhergehenden Kapitel ihre Augen verglichen worden. Die Wahl des Geschenks entspringt dem vagen Empfinden, daß er »seiner« Frau das zurückerstatten müsse, was er ihr genommen hat: ihr durch ästhetische Distanzierung noch nicht verfälschtes Wahrnehmungsvermögen. »Wenn sie an ihn geschmiegt horchend dasaß und mit traurigen hungernden Augen zu ihm aufsah, fühlte er, daß er ihr etwas zu geben schulde für das, was er ihr genommen. Und er gab es. Er zeigte ihr die Schönheit alltäglicher Dinge, an der sie achtlos vorübergegangen. Wie schön das Kommen und Gehen jedes Tages und jeder Nacht war (...) Wie der feuchte Abendwind über zerzaustes Haar von armen Bettelkindern strich, war schön – und sie begriff, daß es nicht nur Schönheit gab, die auf ererbten Thronen prunkend saß und der alles opferte, sondern daß um uns, so weit wir sahen, Throne leer standen, harrend der Schönheit, die jeder Augenblick neu gebar.«

Wie die Schönheit mittelalterlicher Kunst erst dann als eigene Qualität wahrnehmbar wurde, als die religiösen Gehalte, deren Ausdruck sie war, zu verblassen begannen, so zerstört Paul bei »seiner« Frau, indem er Schönheit als von »ererbten Thronen« unabhängig zeigt, die Vorstellung, daß Schönheit und göttliche Weltordnung eins seien. Die Inthronisierung beliebiger Gegenstände als »schön« wird nun von der Willkür des Ästheten abhängig gemacht: das ästhetische Urteil ist Ausdruck seines Machtanspruchs. Daher erscheint Paul hier in der Rolle des Versuchers; die Szene erinnert an den Versuch Satans, Christus die Welt nicht als der Erlösung bedürftig, sondern als Objekt der Machtausübung zu präsentieren. Die ästhetische Sichtweise erscheint als diabolische Pervertierung des Schöpfungsaktes: »Alle Herrlichkeit der Welt war funkelnd aufgestapelt an den Wänden und hing in reichen Gewinden von der Decke herab, und er sah, daß es schön war und kannte den Wert.« Zwar vermag der Ästhet, dem unbegrenztes historisches Wissen zur Verfügung steht, in seiner Einbildungskraft die Welt von der mythischen Vorzeit an gleichsam noch einmal zu schaffen; aber, im Gegensatz zur Genugtuung Gottes über sein Werk – »Und er sah, daß es gut war« –, bleiben die Dinge unter dem durch das Tauschprinzip entstellten Blick beliebig und auswechselbar. Das Bild eines zweiten Schöpfers, das der Ästhet von sich selbst entwirft, ist daher stets in Gefahr, in das eines versierten Antiquitätenhändlers umzuschlagen. Seine subjektive Macht reicht zwar aus, beliebige Dinge mit Schönheit zu belehnen, nicht aber, den Substanzverlust des Ästhetischen rückgängig zu machen. Ebensowenig ist die historistische Ästhetisierung der Geschichte geeignet, ihm die Sicherheit zu vermitteln, in der Abfolge der Generationen einen unverwechselbaren Platz einzunehmen. Die Rückverwandlung von »Wissen« in »Leben« ist ihm unmöglich.

Dieser Ästhet, der längst nicht mehr daran glaubt, Bewußtsein und Leben miteinander vereinbaren zu können, sieht, daß durch die Liebe und das Vertrauen »seiner« Frau ihm unversehens die Möglichkeit gegeben ist, die Versöhnung von Bewußtsein und Leben wenn nicht in der eigenen Existenz, so doch stellvertretend durch »seine« Frau sich vollziehen zu lassen. »Wenn sie von längst vergangenen Taten gelesen, die golden und blutig aus fernem Dunkel herüberleuchteten, schien ihr Schritt kühn und herrisch, wie sonst nie, und ihre Stimme klang voll und tief, wie bebendes Metall.« Solange sie das historische Bewußtsein, das Paul in ihr weckt, als Bereicherung erfährt und nicht bemerkt, daß sie dabei sich selbst abhanden kommt, kann er sich der Illusion hingeben, in ihrer Person gelinge, was ihm zu vollziehen unmöglich ist, die

Synthese von Vergangenheit und gegenwärtigem Leben. Je mehr allerdings das historische Bewußtsein auch von ihr Besitz ergreift, je deutlicher sie spüren muß, daß, was ihr eine letzte Wahrheit war, nur eine unter zahllosen, geschichtlich wechselnden Objektivationen menschlichen Sinnbedürfnisses ist, desto mehr wird sie, wie Paul selbst, auf das eigene Ich zurückgeworfen, das alle Bindungen an ein überindividuelles Ganzes als relativ durchschaut. Schon bald erstarrt daher das scheinhafte Leben, zu dem Vergangenheit und Gegenwart in ihr sich verbunden zu haben schienen, zur Gebärde: »Wenn sie ihm eine Frucht bot, stieg ihr schlanker Arm aus einem Kelch zurückfallender breiter Spitzen; ihre schmalen weißen Finger, die aus ihrer Hand, wie zu einer Dolde sich verästelnd, wuchsen, spreizten sich um die Frucht, die sie nicht umspannten. Ein nicht mehr ganz bewußtes Erinnern an vieles war dann in dieser Gebärde: An Bilder, die sie schon vergessen, an weiße Fruchtschalen, von verschlungenen silbernen Ranken zierlich getragen, und eine leichte Würde, als erfülle sie ein Amt.«

Schon die einleitende Modalbestimmung verweist darauf, daß es nicht auf eine bestimmte Handlung in einem konkreten Lebenszusammenhang ankommt, sondern allein darauf, daß in der Gebärde Vergangenheit und Zukunft zum Einstand gebracht werden sollen. In der Gebärde verkörpert sich der Mißbrauch, den Paul mit dem Vertrauen der Frau treibt. Daß dieser Betrug, den sie allmählich ahnt, ihr qualvolles Sterben auslöst, bleibt Paul im Innersten nicht verborgen, wie die Bernsteinkette verrät, die er der Sterbenden mitbringt. Seine »Ehe« ist zu Ende, als sich nicht mehr verleugnen läßt, daß es Paul niemals um die Frau als Person, sondern nur um ihr von Bewußtsein noch nicht zersetztes Leben ging, von dem er parasitär zehrte. Die Frau war gleichsam der Absatzmarkt, auf dem Paul für eine begrenzte Zeit seinen Schönheitsplunder, mit dem er nichts mehr anzufangen wußte, losschlagen konnte.

X

An den Ufern des Lebensstroms

Jugendstil und Zentralperspektive – Abspaltung der Kunst vom Arbeitsprozeß – Funktionalisierung der Sexualität – Totalitäre Implikationen des Jugendstils

Daß gegen Ende des Kapitels, das Pauls Beziehung zu »seiner« Frau zum Inhalt hat, Anzeichen auf die kritische Selbstreflexion des Ästheten hindeuten, ist auf die umfangreiche Tempel-Episode zurückzuführen, die in die Krankheitsgeschichte eingelassen ist. Führt bereits die Geschichte von Pauls »Ehe« – ein Traum! – in verborgene Tiefen, so wird in diesen Traum gleichsam ein weiterer Schacht gegraben: im Traum verfolgt Paul das eigene Leben zurück bis in die Jugend. Die Tempel-Episode wiederum ist innerhalb der Jugendgeschichte die Erinnerung an eine Lektüre des Halbwüchsigen; sie führt bis an die Ursprünge des individuierten Lebens. Wenn von Paul gesagt wird, er folge den »Spuren aller Dinge nach rückwärts, bis ihre Wege mit den Wegen alles Lebens unlöslich sich verschlangen«, so kommt diese Bewegung in der Tempel-Episode an ihr Ziel. Hier ist der Lebensstrom erreicht, von dem alle Bewußtseinsprozesse, die gleich Ornamenten sich entfalten, ihren Ausgang nehmen. Damit eröffnet sich für Paul die Möglichkeit, auch den eigenen Charakter als Ergebnis eines Prozesses wenn nicht zu begreifen, so doch in Bildern zur Anschauung zu bringen. Denn die Störung Pauls im Verhältnis zur Außenwelt besteht nicht von Anfang an. »Wenn er spät am Nachmittag heimkam«, heißt es über seine frühe Jugend, »trug er ans offene Fenster den schweren samtenen Lehnstuhl und kniete darin, den Kopf in die Hände gestützt, vor sich auf dem bröckelnden Fenstersims ein altes Buch, dessen gelbliche rauhe Blätter der Wind manchmal lispelnd hob. Hinter den schneefreien schwarzen und braunen Ackerstreifen, die von ihm weg zum Horizonte immer schmäler liefen, versank die Sonne, und er merkte es erst, wenn die schweren altertümlichen Buchstaben vor ihm rötlich ineinander schwammen und die kalte Abendluft durch sein dichtes Haar sich tastend wühlte. Dann sah er auf. – Bis an die niedere Hügelwelle, die den Ausblick sperrte, dehnte sich ein heller wolkenleerer Himmel, dessen kaltes Gelb langsam erlosch. Nur noch die gefrorenen schmalen Lachen zwischen den aufgeworfenen Akkerschollen glitzerten ein wenig, und in schwarzen Umrissen, die immer schattenhafter wurden, schied sich vom Himmel ein Bauer, gebückt hinter dem Pflug schreitend, den ein Ackergaul mit Mühe zog.«

Diese Stelle ist die einzige, an der Wirklichkeit streng nach dem Prinzip der Zentralperspektive konstruiert wird. Das ist die Perspektive, in der das Individuum der Neuzeit die Welt interpretiert. Während die Anschauung Gottes überall mit gleicher Intensität gegenwärtig ist und deshalb eine perspektivische Verkürzung nicht kennt, ist der Blick des Menschen stets bezogen auf ein einzelnes Subjekt, das, indem es die Welt anschaut, sie seinem Wahrnehmungsvermögen und seinen Bedürfnissen entsprechend einrichtet, letzten Endes sie sich unterwirft. Bildende Kunst und Wissenschaft fallen daher zusammen, solange die Wissenschaft auf die Wahrnehmung des Subjekts angewiesen ist, solange durch die Kunst Dinge mitgeteilt werden, die außerhalb der Kunst noch nicht artikuliert werden können. Das ist im Zeitalter der Renaissance der Fall. Dem entspricht, daß der Herrschaftsanspruch des Subjekts über die Natur, der in der perspektivischen Verzerrung zum Ausdruck kommt, nicht als Verfälschung der Wirklichkeit empfunden wird. Erst in dem Maße, in dem die Naturwissenschaften der individuellen Anschauung nicht mehr bedürfen, sind zentralperspektivische Verzerrung und Objektivität nicht mehr ohne weiteres in eins zu setzen. Als Konstruktionsprinzip der Wirklichkeit entwertet wird die Zentralperspektive aber erst, als, gegen Ende des 19. Jahrhunderts, der wirtschaftliche Liberalismus in das Stadium des Monopolkapitalismus eintritt, der auf das unabhängige Subjekt immer weniger angewiesen ist.

Der Jugendstil – zahlreiche seiner führenden Vertreter, etwa Hermann Obrist, haben ein Studium der Philosophie und Botanik absolviert – versucht, etwas von der verlorenen Einheit von Kunst und Wissenschaft zurückzugewinnen: die Ornamente sollen nicht einfach Natur nachahmen, sondern, wie bereits Jones fordert, die Prinzipien zur Anschauung bringen, nach denen die Natur ihre Schöpfungen produziert. Das Prinzip der Zentralperspektive ist damit zugunsten eines Pseudo-Objektivismus preisgegeben. Wenn in der bildenden Kunst die Zentralperspektive dennoch im Prinzip zwar beibehalten ist, zugleich aber auf eigentümliche Weise kraftlos erscheint – der Raum wird zunehmend auf die Fläche reduziert –, ungeeignet, den Raum vom Subjekt aus mit Entschiedenheit zu strukturieren, so entspricht diese Entwicklung einem Stand des Bewußtseins, das zwar nach wie vor den Anspruch erhebt, in sich das Organisationsprinzip der Außenwelt zu enthalten, das zugleich jedoch zuinnerst von der Scheinhaftigkeit dieses Anspruchs durchdrungen ist.

Von diesen Anfechtungen ist Paul in seiner Jugend nicht berührt. Durch das offene Fenster, das einen Wirklichkeitsausschnitt gleichsam einrahmt und damit die zentralperspektivische Wahrnehmung stützt, nimmt Paul eine Außenwelt wahr, die sich dem organisierenden Zugriff des Subjekts nicht widersetzt; zu ihrer Bewältigung braucht die Einbildungskraft sich nicht zu verselbständigen und hypertroph zu werden. Er ist zwar in die Lektüre historischer Schriften vertieft, aber noch bilden Geschichte und Natur eine Einheit: Die Blätter des Buches werden, nicht anders als die Blätter eines Baumes, vom Winde bewegt, und die Beschäftigung Pauls mit der Vergangenheit findet in der Gegenwart ihr natürliches Ende durch das Licht der untergehenden Sonne, das die Buchstaben verschwimmen macht, und durch die kalte Abendluft, die er in seinem Haar spürt. Dann fällt der Blick auf den Bauern, durch dessen Arbeit menschliches Leben sich auf natürliche Weise reproduziert. Natur, Geschichte, Arbeit und wahrnehmendes Subjekt fallen nicht beziehungslos auseinander, sondern bilden eine Einheit.

Dagegen zeichnet der Bericht vom Bau des altsyrischen Tempels die Entwicklung und Verselbständigung der menschlichen Subjektivität in der Auseinandersetzung mit der Natur nach. (Zu der Tempel-Episode schöpfte Beer-Hofmann Anregungen aus einer antiken Quelle.) Die Entstehungsgeschichte des Tempels läßt drei Stadien erkennen. Solange die Natur übermächtig ist, solange die Menschen in der Auseinandersetzung mit ihr alle Kräfte verbrauchen, ist für menschliche Subjektivität, die zu ihrer Entstehung der Entlastung von unmittelbaren Naturzwängen bedarf, kein Raum: »Viele Menschen hatten sie viele Jahre lang aus der Ebene den Hang des Felsens emporgeschleppt; ein jeder nur einen Schritt weit, dann nahm der nächste den Stein und wälzte ihn keuchend dem nächsten zu. Im Bezirk von wenigen Schritten lebte ein jeder sein Leben. An der Schwelle, wo er tagsüber stand, lag er in der Nacht. Unter der Last des ermüdeten Leibes höhlte sich der Boden an der Stelle, wo sie ruhten, immer tiefer mit den Jahren, und die ganz Alten lagen des Nachts wie in Gräbern; ihre stumpfgewordenen Augen sahen neben sich die Wände der Grube, über sich das Stückchen des gestirnten Himmels, das sie seit Jahren kannten.«

Der Blick der Menschen bleibt gebannt auf die unveränderlichen Sternbilder; erst wenn die Auseinandersetzung mit der Natur die physischen Kräfte nicht mehr ohne Rest aufzehrt, können ästhetische, aus Freiheit entstandene Konstellationen neben die mythischen treten. »Andere waren nach ihnen gekommen; auf schon geebneten Wegen schritten die, neben jungen Rindern, die auf bekränztem Wagen glatte Quadern zogen: Granit von Syene und den Porphyr des claudianischen Bergs, den in den Werkstätten jonischer Meister Gesellen, bei heiterem Gesang, im Takt zurechtgehauen und geglättet.« Auf dieser Entwicklungsstufe ist ein glückliches Gleichgewicht zwischen den Menschen und der Natur hergestellt: was die Menschen jetzt eint, ist nicht mehr der Kampf um das unmittelbare Überleben, den jeder nur für sich, eingeschlossen »wie in Gräbern«, bestehen kann, sondern ein Rhythmus, der ebensosehr dem eigenen Innern wie der Gattung angehört. Alle ästhetische Ausschmückung, bekränzte Wagen wie Gesang, hat sich noch nicht verselbständigt, sondern bleibt auf den Arbeitsprozeß bezogen.

Erst in den Bildern, die den Tempel umstehen, verselbständigen sich menschliche Subjektivität und ihr Ausdruck, die künstlerische Gestaltung. »Von sich hatten die geredet in den Bildern der Götter. (...) Von ihrer Liebe ließen sie den Marmor reden (...). In den Stein gruben sie mit gepreßten Lippen die quälend starrenden Zweifel endloser schlafentblößter Nächte. (...) Alles luden sie dem Stein auf und zwängten es in ihn; und auch die Wollust, daß sie dies vermochten. Die unförmliche Masse, die zermalmend schwer und widerspenstig ihren Werkzeugen vor ihnen lag, zwangen sie, in müheloser Schönheit, ihr Sprecher zu sein zu solchen, die nach ihnen kamen.« Damit wird endgültig deutlich, daß es ein modernes, vom Problematischwerden der Kunst durchdrungenes Bewußtsein ist, das seine eigene Genese im Traum von einer mythischen Vorzeit vergegenwärtigt. Problematisch geworden ist die Kunst gegen Ende des 19. Jahrhunderts, weil die ihr eigentümliche Erkenntnisweise, Anschauung, gegenüber den Methoden der modernen Naturwissenschaften als hoffnungslos veraltet erscheint. Die ästhetische Anschauung hat nicht allein aufgehört, Bedingung des wissenschaftlichen Fortschritts zu sein, sie ist darüber hinaus in offenen Gegensatz zu ihm getreten. »Wir beruhigen uns gedanklich«, bemerkt Beer-Hofmann in einer Aufzeichnung, »bei der Idee eines Systems, bei dem die Erde – wir – um eine Sonne kreisen, als wäre damit alles in Ordnung. Die Unruhe – peinliche oder lebensstärkende – mit der Sonne um andere Sonnen zu kreisen – und dies in unendliches ›Nicht mehr fassen können‹ fortgesetzt – ist uns nicht, sozusagen, ›in Fleisch und Blut‹ unseres Bewußtseins übergegangen. Ein tiefer Instinkt in uns weigert sich, Unbegrenztes dem Gefühl einzuverleiben.« Die ästhetische Anschauung kommt diesem instinktiven Bedürfnis der Menschen nach einem in sich geschlossenen Weltbild, selbst gegen bessere Einsicht, entgegen; deshalb bezeichnet schon Nietzsche es als die »Aufgabe« des Künstlers, »die Menschheit zu verkindlichen«. Weil menschliche Subjektivität sich nicht mehr im Einklang mit der fortschreitenden Naturbeherrschung entwickelt, verselbständigt sich auch ihr Ausdruck, die künstlerische Gestaltung. Kunst fügt nur noch »Bilder« zu etwas hinzu, das dieser Bilder eigentlich nicht mehr bedarf. »So war der Tempel gebaut. Aus dem dumpfen mühebelasteten Leben vieler, das, unbesonnen von ihnen selbst, an den Mauern des Tempels langsam versickert war; aus der Arbeit anderer, die in heiter zufriedener Leere den Feierabend nach dem Werktag hinnahmen, das Alter nach der Jugend, und nach dem Leben den Tod; unruhig irrende Seelen, deren Schaffen vielleicht Gebet war und vielleicht ein Freveln, hatten ihn geschmückt.«

Im Schwanken zwischen »Gebet« und »Frevel« findet die tiefe Ambivalenz, die für die Einschätzung der Kunst gegen Ende des Jahrhunderts charakteristisch ist, ihren Ausdruck: einerseits ist die Kunst als Gestaltungsmittel differenzierter menschlicher Subjektivität unentbehrlich geworden, andererseits jedoch rückt sie, da ihr Zusammenhang mit der Idee eines Fortschritts der Menschheit zweifelhaft geworden ist, in die Nähe des Frevels. Zum erstenmal in der Geschichte sieht Kunst sich dem Verdacht ausgesetzt, nicht mehr Ausdruck eines die Menschen verbindenden Gemeinsinns zu sein, sondern, im Gegenteil, die Menschen weiter in die Entfremdung voneinander und von der sie umgebenden Welt zu treiben.

Daher bedarf die Kunst einer neuen Rechtfertigung. In den Verrichtungen der Priester, die im zweiten Teil der Tempel-Episode die Massenorgie inszenieren, sind unschwer die Aufgaben zu erkennen, die dem Künstler des Jugendstils zugewiesen werden. Ihr Dienst steht im Zeichen jenes Frieses, der um den Sockel der inneren Tempelmauer läuft: »Männer und Frauen und Tiere gatteten sich in unerhörten Verschlingungen; Giganten, in Schlangenleiber endend, ringelten sich um Kentaurinnen; von einem Lust empfangend, einem anderen sie gebend, wand sich der Kreis von Gestalten, in sich zurückkehrend, einem Kranz gleich, um den Tempel.« Ganz abwegig wäre es, in der Traumphantasie einer Massenorgie eine Kompensation für die in der Realität unterdrückten Triebimpulse Pauls sehen zu wollen (Jens Malte Fischer); vielmehr vollzieht sich die Orgie wie unter einem Bann; die zwanghaften Züge dominieren die lustbetonten. Enthemmte Sexualität dient weniger der Wunscherfüllung, sie wirkt eher wie ein letztes, verzweifeltes Mittel, den unerträglich gewordenen Druck der Individuation vorübergehend aufzuheben. Daß die Orgie zutiefst unerotisch, ja unlustvoll wirkt, hat seinen Grund darin, daß Sexualität hier nicht Zweck ist, sondern funktionalisiert wird: die Anstrengung, »endlich ihr Leben fühlen« zu können, die Ichgrenze zu sprengen, um des Lebensstroms wieder teilhaftig zu werden, zehrt die Triebenergien der Massen fast vollständig auf.

Eher ist die Orgie Ausdruck einer durch übermäßige Isolation verursachten Triebschwäche als von ursprünglicher Vitalität; Lust entsteht nur dort, wo nicht alle Kräfte aufgeboten werden müssen, um den Druck der Individuation zu mildern. Daß selbst hierzu die Kräfte nicht immer ausreichen, macht das Eingreifen der Priester notwendig. »Die Priester allein standen aufrecht«, heißt es nach dem Ende der Orgie. »Wenn sich einer stöhnend vom Boden stemmte, neigten sie sich über ihn und, sein Haupt stützend, gossen sie labend den Wein über seine trockenen Lippen; dann knieten sie neben ihn, hoben ihr Gewand und, mit erlernten Worten seine Lust stachelnd, boten sie ihm ihren Leib.«

Am wenigsten bedeutet Sexualität Erfüllung für diejenigen, die ihr Leben ganz in ihren Dienst gestellt haben, die Priester. Daher die dirnenhafte Gebärde, mit der sie sich anbieten. Sie, deren Dienst es ist, den Strom des Lebens vor Erstarrung zu bewahren, dürfen keinem Geschlecht angehören; am Anfang ihrer Priesterschaft steht die Kastration: »Von der Nacht an, da sie als Jünglinge blutig der Göttin sich geweiht, bis zu der fröstelnden Morgendämmerung, an dem man sie – die Füße voran – hinaustrug aus dem Tempelbezirk, blieb ihr Antlitz das gleiche. (...) Wenn sie stillstanden, schienen ihre großen Gestalten voll ruhender männlicher Kraft; aber wenn sie lässig sich wiegend schritten, ahnte man unter den Falten ihrer Gewänder einen Körper, biegsam und gefügig wie der eines Weibes. Fremd war ihnen der starke Drang geworden, der Männer und Frauen zueinander trieb, paarte, und der, sich erfüllend, in ihnen starb. Unerfüllbar und unersättlich rann heiß in ihnen ein träges Schmachten.« Daß die Priester der »Göttin« Leben Eunuchen sind, die selber vom Leben ausgeschlossen sind; daß in der bildenden Kunst des Jugendstils hermaphroditische Gestalten ein häufiges Motiv sind, verweist ebenfalls auf die vollständige Funktionalisierung der Sexualität: in einer Welt, in der alle lebendigen Bezüge zu starren Objektivationen verdinglicht sind, in denen »das Leben« sich nicht mehr erkennt – Simmels Theorie der »Tragödie der Kultur« geht von dieser Feststellung aus –, steht allein noch Sexualität dafür ein, daß der Strom des Lebens noch nicht ganz versiegt ist.

Zweifellos besteht daher der gesellschaftliche Gehalt des Jugendstils in Kritik an Entfremdung; einer Kritik allerdings, die, da ihr eine gesellschaftliche Perspektive verschlossen ist, auf den Gedanken der Erfüllung Verzicht leisten und damit schon im Ansatz ihre Vergeblichkeit eingestehen muß. Das ist der Grund für die eigentümliche Zweideutigkeit des Jugendstils, das Ineinander von Aufbruchsstimmung und Todesahnung, von Vitalismus und Dekadenz. Der Jugendstil erhebt den Anspruch, in die Tiefe des Lebensstroms einzutauchen und berührt doch – die Priester haben sich mit feinem Bimsstein »die Haut ihrer Fingerspitzen dünn gerieben, daß sie alles stärker empfänden« – nur die Oberfläche. Das Selbstopfer des Künstlers (»Ist der Künstler überhaupt ein Mann?«, fragt auch Tonio Kröger. – »Mir scheint, wir Künstler teilen alle ein wenig das Schicksal jener präparierten päpstlichen Sänger ... Wir singen ganz rührend schön. Jedoch –«) ermöglicht es ein letztes Mal, das Leben als lebendige Einheit wiederherzustellen, aber unter dem Schein der Versöhnung dauert die reale Entfremdung fort.

Weil sie an die reale Entfremdung nicht heranreicht, vermag die Kunst des Jugendstils – wie die Lebensphilosophie, deren ästhetische Gestalt sie ist – Einheit nur um den Preis der Entwertung des Einzelnen herzustellen. Der ästhetische Schein von Versöhnung, den diese Kunst hervorbringt, enthält daher tendenziell schon das Bild einer totalitär beherrschten Masse. »Wissender und ahnender als die einzelnen war die Menge. Die tiefe inbrünstige Andacht des Tages hatte sie zusammengeballt und eins werden lassen; was kein einzelner ahnte, war unbewußt im Fühlen aller.« Weil die blinden Triebenergien der einzelnen das letzte Mittel sind, mit dem eine atomisierte Gesellschaft sich noch einmal zur Einheit bringen läßt, ist diese Einheit der Überprüfung durch die Vernunft entzogen. »Ein Weib schrie auf. Auf dem weichen selten zerwühlten Lager ihres Gemachs hatte sie mit gepreßten Knien von *ihm* geträumt, und bei festlichen Mahlen an *ihn* gedacht, wenn sie den schalrieselnden Worten von Weisheitslehren lächelnd zu horchen schien; – und nun sah sie ihn. Sie wußte nichts von ihm, wer er war, ob er ihre

Sprache sprach: nur sein Haupt und die Schultern sah sie; die Augen waren das, nach denen sie sich gesehnt, und der Mund, den sie wollte, haben wollte; und sie schrie auf und wühlte sich mit krallenden Fingern den Weg zu ihm, die Augen auf ihn gerichtet.«

Unklar bleibt, wer eigentlich dieser »er« ist, auf den alle Energie sich richtet. Äußerste Fixiertheit bei gleichzeitiger äußerster Unbestimmtheit läßt keinen Einspruch der Vernunft mehr möglich werden. Da nach Freuds Einsicht »das eigene Ich in jedem Traume vorkommt, auch wo es sich für den manifesten Inhalt verborgen hat«, kann dennoch kein Zweifel sein, daß es der Träumende selbst ist, der an dieser Stelle erscheint: Paul ist der Unbekannte, auf den sich alle Triebenergie richtet. Daß sein Ich an dieser – nur an dieser – Stelle innerhalb der Tempel-Episode erscheint, läßt darauf schließen, daß hier der eigentliche Zweck sichtbar wird, um dessentwillen alles veranstaltet wird.

Dieser Zweck besteht zum geringsten Teil in sinnlicher Erfüllung. Sexualität ist für den Träumenden nur ein Mittel, die Unmöglichkeit eines lebendigen Objektbezugs zu kompensieren durch Ausübung von Macht über die Gesamtheit aller möglichen Objekte, die Masse. »Es schien ihm«, nach dem Ende des Traums, »als wäre der kurze Schlaf mit unendlich vielem erfüllt gewesen; nichts Gleichgiltiges hatte es da in seinem Leben gegeben. Keine leeren Stunden, die nur die Brücken zu erhofften reicheren waren; und nichts, das wertlos am Wege stand und an dem man fremd vorüberging. Ihm hatten alle Dinge ihr Antlitz zugewandt (...); um seinetwillen waren sie da, und ihr Schicksal vermochte er nicht von dem seinen zu lösen.« Weil Paul es nicht vermag, aus eigener Kraft Beziehungen zu den Menschen und zu den Dingen herzustellen, erträumt er sich eine Welt, die auf ihn ausgerichtet ist, die nur um »seinetwillen« da ist, die ihr Schicksal unauflöslich mit dem seinen verbindet: eine verschworene Gemeinschaft.

Die qualitative Vermittlung von Subjekt und Objekt wird hierbei ersetzt durch die *Relation,* die Fixierung der Masse auf denjenigen, der die Triebimpulse der vielen einzelnen auf sich zu beziehen vermag. Pauls Traum nimmt vorweg, was in der Vereinigung von Führer und Masse Realität werden wird. Hier wie dort geht die Einheit der Masse nicht aus dieser selbst hervor: sie besteht nicht aus autonomen Individuen, die ein lebendiger »Gemeinsinn« zusammenschließt. Vielmehr ist die Einheit der Masse äußerlich, sie besteht nur in der gemeinsamen Ausrichtung auf den einen Führer. Sexualität, so stellt sich am Ende der Tempelszene heraus, ist das letzte Mittel, das eine in sich zerfallene Gesellschaft hat, um sich noch einmal zur Einheit zu formieren. Führer und Masse bedeuten füreinander die wechselseitige Erfüllung der tiefsten Bedürfnisse. Die Unfähigkeit des narzißtischen Führers zur Objektbeziehung wird ausgeglichen durch die Ausrichtung der Massen auf seine Person; die isolierten, desorientierten Subjekte tauchen in der Masse ein, die »wissender und ahnender als die einzelnen« zu sein scheint, weil sie eine Einheit bildet, zu der die einzelnen in sich keinen Ansatz zu finden vermögen. Weil aber die Einsicht der Masse bloß in einer *Relation* besteht, in der Zuordnung auf den Führer, nicht in einer eigenen *Qualität,* bleibt die Masse blind und daher in jede beliebige Richtung von außen lenkbar. Pauls Traum läßt erkennen, daß die durch die Widersprüche der geschichtlichen Entwicklung produzierte gesellschaftliche Dissoziation nicht – wie der Jugendstil suggeriert – durch Rückgriff auf vorgeschichtliche, mythische Bilder beseitigt werden kann. Wie Pauls »Ehe« notwendig zur Zerstörung »seiner« Frau führt, so führt die Massenorgie zum Tod. Wo, wie in Pauls Traum, in die äußersten Tiefen des Subjekts vorgedrungen wird, wird erkennbar, daß subjektive Konstitution und gesellschaftliche Organisation nicht voneinander zu trennen sind, sondern einander befestigen, bis sie schließlich einen geschlossenen Zirkel des Verhängnisses bilden, aus dem es keinen Ausweg gibt.

XI

Jugendstil und Wahrnehmung

Bewußtsein und Tod – Industrielle und intensive Wahrnehmung – Phantasie und Wahn – Befreiung von konventionellen Bedeutungsträgern – Sicherheit durch Leitmotive – Vorrang der Metapher

»Jemand ist gestorben, was ist geschehen? Nichts vielleicht, und vielleicht alles. (. . .) Jemand ist gestorben. Wer war es? Es ist einerlei. Wer weiß, was er dem Andern war, dem Jemand, dem Allernächsten, dem ganz Fremden? Ob er ihnen jemals nahe war? Ob er darin war in ihrem Leben? Ob er in Jemandes Leben war, in irgend jemandes wirklichem Leben. (. . .) Und wenn er Einem wirklich etwas war, was war er ihm, wie und womit? Mit seiner Eigenart Gewicht und Wesen, oder durch Gaukelbilder geschaffen, durch ein unbewußt gesprochenes Wort oder eine zufällige Geste? Was kann ein Mensch dem andern Menschen sein?« Diese Fragen, mit denen Georg Lukács in seiner Essaysammlung »Die Seele und die Formen« die Arbeit über Beer-Hofmann einleitet, beziehen sich auf das Ereignis, das zwischen dem II. und dem III. Kapitel einzuordnen ist und das, obwohl der Roman von ihm seinen Titel bezieht, ausgespart bleibt: den Tod Georgs. Diese Auslassung geht aus der Struktur des Romans zwingend hervor: Pauls Bewußtsein, aus dessen Perspektive erzählt wird, scheint zwar durch den Reichtum seiner wuchernden Einbildungskraft nahezu unbegrenzt zu sein, ein einziges Ereignis jedoch muß ihm unzugänglich bleiben, der Tod eines anderen Menschen. Verhielte es sich anders, wäre das Bewußtsein in der Lage, sich den Tod zu vergegenwärtigen, so hätte dies den eigenen Tod zur unmittelbaren Folge.

Gerade weil der Tod Georgs aus dem Roman ausgeschlossen bleiben muß, besteht der Titel zu Recht. Denn Georgs Tod wird zum entscheidenden Erlebnis für Paul, weil er das einzige ist, was von seinem Bewußtsein nicht einholbar und daher auch nicht auf ein bloßes Bewußtseinsphänomen reduzierbar ist. Seine Einbildungskraft ermöglicht es Paul, die Erkenntnis seiner totalen Isoliertheit zu vermeiden: solange ihr nichts unzugänglich bleibt, solange sie alle Gegenstände der Außenwelt zu einem Phänomen des Bewußtseins umzuwandeln vermag, wird sie ihrer Aufgabe gerecht, die unaufhebbare Spaltung von Innen und Außen, von Subjekt und Objekt zu verschleiern. Es genügt daher ein einziges Ereignis, vor dem die Einbildungskraft versagt, um den Riß zwischen Subjekt und Objekt wieder sichtbar werden zu lassen. Dieses Ereignis ist der Tod. Weil er von einem fremden Bewußtsein – es sei denn um den Preis der Selbstpreisgabe – nicht nachvollzogen werden kann, wird durch ihn die Erkenntnis unabweisbar, die abzuwehren die alleinige Aufgabe der Einbildungskraft des Ästheten ist: die Erkenntnis, daß der Außenwelt eine vom Subjekt unabhängige Existenz zukommt. Der Tod Georgs bedeutet daher für Pauls Ich eine ähnliche – wenn auch schwerer zu überwindende – Irritation wie, zu Beginn des Romans, das leicht dahingesagte Wort »Glück«. Der Roman besteht daher im wesentlichen aus zwei Spannungsbögen. Der Begriff »Glück« hatte die Ahnung eines Mangels hervorgerufen; diesen Mangel verschwinden zu lassen, war die Einbildungskraft tätig geworden. Diese Aktivität war nach innen gerichtet, mit dem Ziel, das Subjekt sich des eigenen Reichtums vergewissern zu lassen. Mit dem Ende des zweiten Kapitels war dieses Ziel erreicht. Die Einbildungskraft hatte den Beweis erbracht, daß, da es nichts gibt, was unabhängig von der eigenen Subjektivität wäre, die Vorstellung eines Mangels gegenstandslos ist. Durch den Tod Georgs ist diese Anstrengung der Einbildungskraft zunichte gemacht. Aus der Tatsache, daß nach Georgs Tod die Existenz einer vom Subjekt unabhängigen Außenwelt schlechterdings nicht mehr verleugnet werden kann, ergibt sich die Richtung, die Pauls Einbildungskraft nun einschlägt. Sie muß gleichsam versuchen, den entstandenen Schaden so gering wie möglich zu halten. Der zweite Spannungsbogen ist daher als Versuch beschreibbar, die Vorherrschaft der Einbildungskraft bei der Wahrnehmung der Außenwelt zu befestigen und zugleich die Kluft zwischen Subjekt und Objekt – wenn sie schon nicht mehr ganz zu verleugnen ist – bis zur Bedeutungslosigkeit herabzusetzen.

Georgs Tod macht nicht nur offenbar, daß es eine Außenwelt gibt, deren Eigenständigkeit durch das Bewußtsein nicht gänzlich aufgezehrt werden kann; er zwingt darüber hinaus – durch die Tatsache, daß der Tod durch das Bewußtsein nicht einholbar und damit eigentlich nicht wahrnehmbar ist – zur Einsicht in die Grenzen des Wahrnehmungsvermögens. Seinen Ausdruck findet dieses Defizit in der rhetorischen Figur der »Detraktion«, der Ellipse: das Ereignis, das dem Roman den Titel gibt, bleibt ausgespart. Diesen Mangel auszugleichen ist die Eisenbahnfahrt, die Paul unternimmt, das geeignetste Mittel. »Er stand auf und trat in den Seitengang; er setzte sich auf den niedern Klappsitz und sah hinaus. Auf hoch aufgeschüttetem Damm lief die Bahn. Tief unten wanden sich zu Dörfern hin breite graue Straßen, schwarz gestreift von den Schatten hoher verstaubter Pappeln. Zusammen mit Schotterhaufen und steinernen Radabweisern säumten sie die Straße, die schmalere Fahrwege von sich abästelte und Fußpfade aufnahm, die von verstreuten Gehöften her in sie mündeten. – Wohltuend empfand es Paul, daß sein Weg nicht da unten führte. Nach der Unruhe der letzten Stunden gab es ihm Beruhigung, auf eisernen festgebetteten Schienen seinem Ziele zuzugleiten. Alles Zufällige und Launenhafte der Landstraße schien von seinem Weg entfernt. Unabweichbar lief sein Weg auf hoch aufgeschüttetem Damm, über steinerne Durchlässe und eisenrasselnde Brücken, die weite Schutthalden übersetzten, oder er senkte sich in tiefe Einschnitte, zwischen steile widerhallende Stützmauern. In gleichgemessenen Abständen waren immer dieselben Dinge an den Weg gesetzt.«

Die Geschwindigkeit, mit der die Eisenbahn die Landschaft durchschneidet, ermöglicht einerseits eine unerhörte Steigerung des natürlichen Wahrnehmungsvermögens; andererseits bietet die Künstlichkeit des Schienenwegs, der der natürlichen Differenziertheit der Landschaft nicht folgt, sondern sie beherrscht, indem er sie einebnet, dem Ästheten die Möglichkeit, die eigene Welt gegen die Außenwelt als autonome zu behaupten. Dem Bestreben des Ästheten, eine »eigene Welt in die Welt hineinzubauen«, ohne diese eigene Welt als eng begrenzt, als »Potemkinsches Dorf« im Vergleich mit der sehr viel umfassenderen Wirklichkeit erkennen zu müssen, kommt die Eisenbahnfahrt insofern entgegen, als sie den Umfang der »eigenen Welt« entscheidend vergrößert. Deren im Vergleich mit der Wirklichkeit eng gezogene Grenzen werden weit hinausgeschoben; indem sich das Ich die maschinell erzeugte Geschwindigkeit zunutze macht, kann es die Illusion hegen, das Potemkinsche Dorf des eigenen Wahrnehmungsbereichs doch noch zum »Alexanderreich« auszuweiten.

Insbesondere der Vergleich mit Hofmannsthals Gedicht »Manche freilich« läßt erkennen, in welch bemerkenswertem Ausmaß Beer-Hofmann den Stand der Technik mit der eigenen literarischen Arbeit vermittelt hat. Charakteristisch für die beiden Autoren gemeinsame ästhetische Perspektive ist, daß die Abgrenzung gegenüber der Sphäre, in der sich die Gesellschaft durch Arbeit selbst reproduziert, mit den Koordinaten »oben« und »unten« verbunden wird:

Manche freilich müssen drunten sterben,
Wo die schweren Ruder der Schiffe streifen,
Andre wohnen bei dem Steuer droben,
Kennen Vogelflug und die Länder der Sterne.

Dem entspricht bei Beer-Hofmann die Genugtuung des Ästheten darüber, »daß sein Weg nicht da drunten führt«. Aber Hofmannsthals Gedicht verweist noch, durch das Bild der Galeere, die durch menschliche Arbeitskraft vorwärtsbewegt wird, auf eine vorindustrielle Welt. Dagegen zeichnet sich die Passage aus dem »Tod Georgs« dadurch aus, daß hier bereits das Wahrnehmungsvermögen des Subjekts mit dem Entwicklungsstand der Produktivkräfte korrespondiert. Die industrielle Produktionsweise ist der ästhetischen Gestaltung hier nicht mehr äußerlich.

Wolfgang Schivelbusch hat in seiner »Geschichte der Eisenbahnreise« die Veränderung der Wahrnehmungsgewohnheiten nachgezeichnet, die sich im Gefolge des neuen Fortbewegungsmittels durchsetzen. Diejenigen »Angehörigen des 19. Jahrhunderts, die noch am vorindustriellen Reisen orientiert sind, die nicht fähig sind, eine dem neuen Transport entsprechende Wahrnehmung zu entwickeln«, klagen darüber, »daß Reisen im exakten Verhältnis zur Geschwindigkeit stumpfsinnig werde«. »Stumpfsinn und Langeweile ist die Reaktion, nachdem alle Versuche, den Wahrnehmungsapparat des überlieferten landschaftsintensiven Reisens unverändert in die Eisenbahn zu übertragen, an dessen Überbelastung und Ermüdung gescheitert sind. Die Unfähigkeit, eine dem technischen Stand adäquate Sehweise zu entwickeln, erstreckt sich unabhängig von politischer, ideologischer und ästhetischer Disposition auf die verschiedensten Persönlichkeiten des 19. Jahrhunderts. ›Ich langweile mich derart in der Eisenbahn‹, schreibt Flaubert 1864 an einen Freund, ›daß ich nach fünf Minuten vor Stumpfsinn zu heulen beginne. Die Mitreisenden denken, es handle sich um einen verlorenen Hund; durchaus nicht, es handelt sich um Herrn Flaubert, der da stöhnt.‹« Erst allmählich wird die neue Anschauung, die die Eisenbahn von der Landschaft vermittelt, als »ästhetisch ansprechende Perspektive« erfahrbar.

Diese Entwicklung ist zur Zeit der Entstehung von Beer-Hofmanns Roman längst abgeschlossen; die Eisenbahn, und mit ihr die neue Wahrnehmungsweise, sind um die Jahrhundertwende zur Selbstverständlichkeit geworden. Um so auffallender ist daher, daß im »Tod Georgs« der Ästhet einerseits zwar über die durch die Eisenbahn ermöglichte, gleichsam industriell verfahrende, große Mengen Landschaft auf einmal verarbeitende Wahrnehmungsweise verfügt: aufs engste verwandt sind die Erfahrungen, die durch Eisenbahn und Fließband vermittelt werden; daß er andererseits jedoch noch eine Wahrnehmungsweise kultiviert, die eindeutig noch dem »landschaftsintensiven« Reisen der vorindustriellen Epoche zugehört.

Pauls Wahrnehmungsvermögen ist einerseits ganz auf der Höhe der Zeit; die Geschwindigkeit, mit der die Eisenbahn die Landschaft durchschneidet und sie ohne Rücksicht auf deren natürliche Beschaffenheit der Verfügungsgewalt des Ich unterwirft, vermag Paul in den Dienst einer Erhöhung und Intensivierung seines Lebensgefühls zu stellen: »und er fühlte, daß unter aller Trauer, tief in ihm, geweckt durch Georgs Tod, die Freude am eigenen Lebendigsein schamlos aufjubelte. (. . .) In tiefem Einschnitt, zwischen steil aufsteigenden Rasenböschungen, die den Ausblick sperrten, lief der Zug.« Andererseits aber – vielleicht wirken hier noch die außerordentlichen Schwierigkeiten nach, die das Subjekt bei der Gewöhnung an die neue Wahrnehmungsweise zu überwinden hatte – ist er in der Lage, die vorübereilende Landschaft in allen Einzelheiten festzuhalten und sie Bild für Bild zu genießen: »Aber auch der Rasen und die unscheinbaren Blumen waren schön. Wie zuerst die überragenden schlanken Ähren des Steinklees sich hingebend unter der

Last der Bienen bogen, und wie mit dem Zug ein Luftstrom kam, der sie nun alle beugte: wilde Reseden, die auf ihr Antlitz fielen, starre Disteln, die ungelenk zur Seite wichen, und weiße errötende Trugdolden der Schafgarben, die anmutig, wie in leichter Trunkenheit, schwankten. Unter einem verblühten Strauch wilder Rosen lag ein Bauernbursch auf dem Rücken; neben ihm stemmte sich halbaufgerichtet ein Mädchen gegen den Rasenhang, und winkte lachend zu den Fenstern des Zuges auf. Über den beiden schwangen im Wind wirr verschlungene Zweige, und der starke Luftstrom faßte einen weißen Schmetterling, riß ihn mit sich und warf ihn an die Wange des Mädchens. Flüchtig dunkelnd streifte über sie hin der leichte Schatten des Rauchs, dann war sie wieder in grellem Licht, das durch zerrissene Wolkenballen steil herabschoß. Überflossen von Licht war ihr entblößter brauner Arm, der, leicht sich rundend, nach oben grüßte; und Paul wußte: hart und rauh war der Rücken ihres Armes, auf den die Sonne brannte; Arbeit in Frost und in Nässe und der Wind hatten ihn rissig und rauh gemacht wie die Nordrinde eines jungen Baumes; aber weich, sanftglühend von warmströmendem Blut, war die Innenseite ihres Armes, wenn sie sich um den Nacken des Geliebten legte; gut zu fühlen wie die unberührten, schweren, weichen Flügel eines Dämmerungsfalters, oder die Blüten der dunkeln Schwertlilien, die da oben am Böschungsrand in steinumsäumtem Beet wuchsen. Neben dem armseligen Wächterhäuschen standen die, wie verbannte Herrscher in einem fremden Land. Wie ein Bund grüner Schwerter waren ihre starren Blätter gegen den dunkelgequollenen Gewitterhimmel gezückt. Noch geschlossene Knospen saßen in den lichten Blütenscheiden; ihre Blumenblätter waren fest um einander geschlagen wie die Enden eines Mantels, den einer, mit gekreuzten Armen sich verhüllend, um hochgezogene schmale Schultern schlägt. In die finster sich ballenden Wolkenkissen versanken fast tiefviolette, aufgeschlossene Blumen.

Ein freies, gebietendes Prunken war in dem Entfalten ihrer Kelche; wie die sich enthüllende Gebärde eines unerkannten Königs, der stumm – nur mit dem Öffnen seiner Arme und dem Zucken der Achseln, das den Mantel von seinen Schultern gleiten läßt – zu allen spricht: ›Ich bin der König!‹«

Hatte Georgs Tod, durch die Unmöglichkeit, ihn ins Bewußtsein aufzunehmen, die Grenze des Subjekts gegenüber der Außenwelt markiert, so hat die ausschweifende Art, mit der Paul die Landschaft wahrnimmt, die Funktion, diesen Mangel auszugleichen. Nach der totalen Detraktion, der Ausblendung von Georgs Tod aus dem Bewußtseinsstrom, folgt eine maßlose Adjektion durch eine Wahrnehmung, die sich keine Einzelheit entgehen läßt. Paul läßt es nicht damit genug sein, im Rausch der Geschwindigkeit sich der Herrschaft über die Außenwelt abstrakt zu versichern. Indem er die alle Individualität einebnende »industrielle« Wahrnehmung synkopiert durch die eigentlich schon veraltete intensive Landschaftswahrnehmung, den Blick des Botanikers, der sich jeder Erscheinung zunächst um ihrer selbst willen zuwendet, bekräftigt er aufs neue den Anspruch der subjektiven Wahrnehmung auf unbedingte Macht auch über das geringste Detail. In Wahrheit aber wird gerade durch diesen unbedingten Anspruch die Wahrnehmung zerstört. Ihre Konkretheit ist eine Illusion. Indem genau in der Mitte der Passage gesagt wird, daß Paul »wußte« – nicht: daß er *sah* –, wird erkennbar, daß alle Wahrnehmung des Ästheten durch das Bewußtsein vorstrukturiert ist. Schönheit, das selbstgesponnene Geflecht, durch das der Ästhet sich mit der Außenwelt in Beziehung setzt, scheint bei Beer-Hofmann verläßlicher, in dichteren und reicheren Mustern geknüpft zu sein als bei allen anderen Autoren des Ästhetizismus. Aber auch hier ist der Grund allen Reichtums eine äußerste Dürftigkeit. Zweifelhaft ist bereits, ob Paul tatsächlich einzelne Blumenarten zu unterscheiden vermag; vermutlich »weiß« er nur, was neben Bahndämmen zu gedeihen pflegt. Von dem unter einem Strauch gelagerten Paar dürften nur die Umrisse, allenfalls das Lachen des Mädchens und ihr »entblößter brauner Arm« wahrnehmbar sein. Alles andere ist Produkt seiner Phantasie. Der Reichtum, mit dem diese die Bilder ausstattet, täuscht zunächst darüber hinweg, daß die Bilder isoliert bleiben, sich nicht einmal mehr im Bewußtsein zu einem Ganzen zusammenschließen: das Bild der Schwertlilien hat sich am Ende verselbständigt, während ihm eigentlich nur die Funktion einer Metapher zukommt, die eine Anschauung von der – selbst nur imaginierten – Innenseite der Arme des Mädchens geben soll. In Beer-Hofmanns Roman ist der Anspruch des ästhetizistischen Subjekts, aus Freiheit, in einer an sich sinnlosen, in ihre Bestandteile zerfallenden Welt spontan einen neuen Sinnzusammenhang herzustellen, so weit vorangetrieben, daß er nicht mehr in jedem Fall von einem Wahnsystem zu unterscheiden ist.

In einem Aufsatz über den Maler Franz Stuck bezeichnet Hofmannsthal es als eine wichtige Errungenschaft der zeitgenössischen Kunst, daß sie die Dinge nicht in ihrer »konventionellen Bedeutung«, sondern als »Form an sich« vor Augen führt. »Indem der Künstler so die Formen ihres banalen Sinnes entkleidet, steht er wieder in seiner eigentlichen Lebensluft, ein Mythenbildner inmitten der chaotischen, namenlosen, furchtbaren, leuchtenden Wirklichkeit.« Als Beispiel nennt Hofmannsthal »die Silhouette einer nackten Frau, mit zurückgeworfenen Armen im Grase schlafend, gegen den Abendhimmel scharf konturiert: für ein ganz unbefangenes, nicht, wie unsere Augen, blitzschnell unbewußt kombinierendes und interpretierendes Auge, ist hier nichts, was Knie, Brust und Stirn bedeutet: es ist nichts da als eine geschwungene Linie gegen den Abendhimmel, eine bloße Form«. Die Befreiung des Wahrnehmungsvermögens von konventionellen Bedeutungsträgern, die Hofmannsthal als konstitutiv für die Malerei des Jugendstils hervorhebt, auch in der Literatur herzustellen ist eine weitere zentrale Intention von Beer-Hofmanns Darstellungsweise.

Charakteristisch ist die Art, wie das Tun zweier Frauen, die Paul nur indirekt, als Spiegelungen in der Oberfläche eines Teichs, beobachtet, vom Bewußtsein registriert wird. »Er wandte sich nicht um. Sie mußten ganz nahe bei ihm stehen; nur ein wenig weiter weg als er, vom steinernen Rand. (...) Eine junge, leicht müde Stimme sagte: ›Gib her, Mutter!‹ Eine schmale Hand, deren dünnes Gelenk ein zu kurzer Ärmel frei ließ, spiegelte sich noch, hocherhoben im Wasser, dann fielen weiße Brocken auf die Fläche, und immer weiter verrinnende Kreise zerrissen das Bild. Aus der Tiefe stiegen Fische und drängten sich gierig um die Brocken, die gegen die Mitte trieben.« Die Handlung wird in Elemente zerlegt, die aber, jedes für sich ausführlich zur Anschauung gebracht, unabhängig voneinander gehalten werden. Sorgfältig vermieden ist jeder Begriff, der diese Szene zusammenfassen, sie einer konventionellen Bedeutung, der des Fütterns, zuordnen könnte. Das wahrnehmende Subjekt weigert sich, dem Vorgang an sich Intentionalität zu unterstellen. Zweifellos ist mit dieser Darstellungsweise ein Moment von Freiheit gesetzt: das wahrnehmende Subjekt, die wahrgenommenen Objekte und auch die Handlung selbst werden nicht dem Begriff und damit auch nicht einem Zweck, der außerhalb ihrer selbst läge, unterworfen. Die Szene im Park von Schönbrunn ist insofern das Gegenstück zu der Begegnung mit der Frau im ersten Kapitel, wo Wahrnehmung und rücksichtslose Aneignung identisch waren; sie bereitet denn auch unmittelbar die Erkenntnis Pauls vor, daß er die Außenwelt stets nur in Beziehung auf sich, nie in ihrem Eigenwert wahrgenommen hatte. Für einen Augenblick wird die Möglichkeit einer Versöhnung von Subjekt und Objekt im Medium der Kunst sichtbar.

Dennoch schließen Ästhetizismus und ästhetische Versöhnung einander aus. Die durch Abwehr aller konventionellen Bedeutungsträger hergestellte Freiheit ist Illusion. Denn gerade ein Bewußtsein, dessen Spontaneität durch Abstraktion vom Begriff wiederhergestellt zu sein scheint, verfällt der Abhängigkeit von konventionellen Voraussetzungen, die als solche nicht mehr erkennbar sind. Nicht die Freiheit von Konventionen wird durch Verzicht auf den Begriff erreicht, sondern lediglich der Verlust der Möglichkeit, Konventionen, als Voraussetzung zu ihrer kritischen Durchdringung, überhaupt zu benennen.

Daß der Panzer der Konventionen sich um so undurchdringlicher um das Subjekt schließt, je stärker es von seiner vermeintlichen Spontaneität durchdrungen ist, findet seinen Ausdruck nicht zuletzt in der von Beer-Hofmann ins Extrem getriebenen leitmotivischen Wiederholungstechnik. »Eine statistische genaue Zusammenstellung ergab die Zahl von siebzig mindestens einmal vorkommenden Wiederholungen, was, gemessen am Umfang des Werkes, innerhalb der deutschen Literatur eine wohl einmalige Frequenz bedeutet.« (Fischer) Der Sinn dieses Verfahrens besteht darin, dem Text eine Geschlossenheit zu verleihen, die auf andere Weise nicht mehr herstellbar ist. Da das Subjekt in der Außenwelt nicht nur keinen Zusammenhang zu entdecken vermag, sondern darüber hinaus Mühe hat, sich überhaupt zu ihr in Beziehung zu setzen, bedarf es einer unmäßig wuchernden Phantasie, um diesem Mangel abzuhelfen. Je mehr allerdings die *Tätigkeit* der Phantasie ausgeweitet wird, desto dringlicher stellt sich die Frage nach der *Einheit* ihrer Produktion. Eine in sich unendliche Phantasie wäre ebenso amorph wie die Außenwelt: das Problem der Einheit der Wahrnehmung hätte sich lediglich von außen nach innen verlagert. Dieser Gefahr begegnet die Technik der leitmotivischen Wiederholung. Indem das Ich die Produkte seiner Einbildungskraft nicht als einzelne stehen läßt, sondern sie in den verschiedensten Zusammenhängen immer wieder aufnimmt, verknüpft es sie zu unauflösbarer Einheit und versichert sich zugleich seiner Freiheit und seiner Stärke: nicht die Phantasie herrscht über das Ich, so suggeriert die Leitmotivtechnik, sondern stets behält das Ich als einheitsstiftende Instanz den Vorrang über die Phantasie.

Die Schwäche dieser Konstruktion besteht darin, daß die einzelnen »Leitmotive«, je häufiger sie wiederholt werden, desto deutlicher sich als Stereotypen herausstellen, die festgefahrene Gewohnheiten der Wahrnehmung beziehungsweise des sprachlichen Ausdrucks reproduzieren. So heißt es über drei Bauern, die Paul, wiederum in allen Einzelheiten, vom fahrenden Zug aus wahrnimmt: »Bevor er noch die Gesichter sah, erkannte er an den Umrissen (...), daß es alte Männer waren. (...) Wie altes und abgenütztes Werkzeug, das man an die Wand hängt, hingen ihre zu langen Arme steif und schwer an ihrem Körper herab. Am Schlagbaum blieben sie stehen (...). Wie schlecht gespannte Leinwand notdürftig Gerüst und Seile einer Gauklerbude verkleidet, so schien ihre Haut schlaff und faltig über die hart hervortretenden Knochen und Sehnen gehängt. (...) Rascher als der Zug vorüberglitt, sah Paul dies.«

Das Objekt der Wahrnehmung, die faltige Haut der Bauern, verschwindet hinter einer äußerst sorgfältig konstruierten Metapher; sie steht bezeichnenderweise an erster Stelle, vor dem Gegenstand, den sie zur Anschauung bringen soll. Der Eindruck drängt sich auf, daß die von der Einbildungskraft produzierte Metapher die Wirklichkeit nicht plastischer erkennbar werden lassen, sondern sie eher verdecken soll. Tatsächlich erscheint die Metapher wieder, wenn wenig später Pauls Gedanken um das Problem des Alterns und des Todes kreisen: »Wie schlechtgespannte Leinwand notdürftig Gerüst und Seile einer Gauklerbude verkleidet, schien die Haut schlaff und faltig über hart hervortretende Knochen und Sehnen gehängt; entblößt von allem verkleidenden Fleisch verriet sich die Form des Schädels; wie gegen einen dünnen

Vorhang, drängte gegen die abgenützte Haut der Tod sein Antlitz, ungeduldig wartend, begierig zu erscheinen.« Was eben noch als spontanes Produkt der Einbildungskraft präsentiert wurde, entpuppt sich als festgefügte Formel, die Paul immer gebraucht, wenn er sich dem Problem des Alterns und des Todes ausgesetzt sieht. Leitmotivisch wiederholt, verweist die Metapher gerade nicht auf die vermeintliche Souveränität und Spontaneität des Subjekts. Sie erscheint eher als magische Formel, durch die das Ich die Ängste, die es bedrängen, zu bannen versucht. Losgelöst von jeder konkreten Erfahrung, kann die Formel beliebig verwendet werden. Mit zunehmender Frequenz ändert sich daher die Funktion dieser Wiederholungen. Je dichter das Subjekt, in der Absicht, sich in »seiner« Welt zu orientieren, das leitmotivische Netz knüpft, desto mehr, bis zu völliger Erstarrung, verfängt es sich in ihm. Die Sprache, immer häufiger dazu herangezogen, ungelöste Probleme wie in einen Kokon von Begriffen einzuspinnen, verliert schließlich ihre Fähigkeit, lebendiger Ausdruck des Subjekts zu sein. Sie ist nicht mehr »das bildende Organ des Gedanken« (W. v. Humboldt) und damit ein unendliches Potential für den Ausdruck menschlicher Subjektivität, sondern ein endliches Reservoir von Formeln, darauf gerichtet, die Wirklichkeit zu fixieren, anstatt sie in ihrer Vielfalt erkennbar und zugleich für Veränderungen offen zu halten. Indem der Ästhet die Sprache gebraucht, verbraucht er sie.

XII

Der Peitschenhieb

Der Stil der Jugend und das Alter – Abstrakte Dynamik

Wie Paul die Tatsache, daß seine Sprache ihm zu Formeln erstarrt, dazu benutzt, sie als Orientierungstafeln in seine zerfließende Identität zu pflanzen, so vermag er auch die

Ängste, die der Tod Georgs in ihm wachruft, in den Dienst einer – zumindest vorläufigen – Stabilisierung seines Ich zu stellen. Hierauf verweist der inhaltliche Schwerpunkt des dritten Kapitels, die ausgedehnten Tagträume, in denen Paul sich vorzustellen versucht, wie Georgs Leben verlaufen wäre, hätte es seinen jähen Tod nicht gegeben. Paul ist sich bewußt, daß seine Erschütterung nichts mit Trauer um den toten Freund zu tun hat: »er wußte, was ihn jetzt erschütterte, war nur der Tod, nicht Georgs Tod.« Ihn irritiert die Erinnerung an die eigene Sterblichkeit, vor allem aber die Angst vor dem Altern, die – wie die Pseudowahrnehmung der Bauern gezeigt hatte – allzeit latent ist.

Wie auch immer Pauls Vorstellungen von dem erfüllten Leben, das Georg hätte führen können, im einzelnen ausgefallen wären, vor dem Problem des Alters hätte Georg in Pauls Gedanken stets scheitern müssen. Daß Georg Ruhm und Macht erlangt hätte, kann Paul sich ohne weiteres vorstellen – nicht jedoch, daß er ein »glückliches Alter« erlebt hätte. Pauls Vorstellungsvermögen stößt hier an seine Grenze, da der Ästhet alle Menschen und Gegenstände nur in Relation und Funktion, nicht jedoch in ihrer Identität – sie wäre die eigentliche Voraussetzung zu einem »glücklichen Alter« – zu denken vermag. Daher kann er auch durch die Phantasien, wie Georgs Leben hätte verlaufen können, nicht in einen Bereich vorstoßen, der jenseits der Rationalität von Zwecken und Mitteln läge, durch die das Leben der Menschen auf Funktionen reduziert wird. Der Begriff des »Hülsenmenschen«, der im Sprachgebrauch der Freunde Schnitzler, Hofmannsthal und Beer-Hofmann geläufig gewesen zu sein scheint, gibt diese Erfahrung treffend wieder. Wenn alles zur Funktion wird, wird Identität funktionslos und bildet sich schließlich zurück. Dies ist der Grund, weshalb in Beer-Hofmanns vor dem König-David-Zyklus entstandenen Werk das Problem des Alterns eine dominierende Rolle spielt. Denn das Alter als der Lebensabschnitt, in dem die Menschen keine durch das Organisationsprinzip der Gesellschaft abgesicherte Funktion mehr haben, läßt sich nicht mehr in einen sinnvollen Lebenszusammenhang integrieren: »Was sollte noch über sie kommen? Wie sie jetzt mit offenen Augen ins Leere sahen, so sahen sie jede Nacht ins Dunkel, wenn sie vor Sonnenaufgang erwachten und ohne Schlaf dalagen, den Tag erwartend. (...) Leer, zu kraftlos, um noch einen Inhalt zu ertragen, waren alle Stunden. (...) Und neben ihnen lagen ihre Hände wie langgebrauchtes Werkzeug – zu nichts mehr nutz. (...) Was, w a s war aus ihrem Besitz geworden? (...) Tage und Tage hatten ihnen gehört, und an jedem Morgen waren sie helläugig erwacht, noch reich vom gestrigen Erobern, und zu neuen Siegen gegürtet (...). Lohnte es sich, noch etwas zu beginnen, und für wen wollten sie vollenden? Nutzlos war alles Wissen (...). Haß gegen eine Welt, die treulos nun andern gehörte, stach aus ihren Augenhöhlen, und ihre schmalen blutlosen Lippen preßte der Neid. Das Alter!«

Im Alter wird der Vorgang rückgängig gemacht, in dem sich der Übertritt von der Kindheit in das Dasein des Erwachsenen vollzogen hatte. Einen fiktiven Patienten Georgs läßt Paul sich an einen Morgen erinnern, »an dem er im heißen Sand eines sonnigen Hofes saß und, mit kleinen ungelenken Kinderfingern, aus Steinchen und Schnecken und abgefallenen Oleanderblüten einen Garten baute. (...) über ihn fiel kühl der Schatten seiner Mutter. (...) Ihre Hände lagen verschlungen in ihrem Schoß, und er sah manchmal auf sie hin, weil es ihm wunderbar schien, daß sie mühelos aus ihrer Verschlingung sich lösen konnten und wieder Finger wurden, von denen ein jeder sein eigenes Gesicht hatte, das er so gut kannte.« Solange die kindliche Verbundenheit mit der Mutter noch nicht ganz aufgegeben, der Prozeß der Individuation noch nicht abgeschlossen ist, so daß das Kind in der Gestalt der Mutter, insbesondere in ihren Händen, jederzeit sich der Einheit des Lebens vergewissern kann, solange braucht es seine Hände nicht als die Natur unterwerfende Werkzeuge zu gebrauchen: die Gegenstände, denen sich das Kind zuwendet, ordnet es nicht in einen Funktionszusammenhang ein, der ihnen fremd wäre, sondern trägt sie zu einem »Garten« zusammen, die Unschuld und Geborgenheit der eigenen Situation noch einmal gestaltend. Der Augenblick des Erwachsenwerdens tritt ein, als der Knabe zum erstenmal den eingefriedeten Raum seiner Spiele verläßt. Nach einem Augenblick der Verwirrung, weil er keinen die Richtung vorgebenden Weg findet, »und er bei jedem Schritte dachte, daß er auch nach der anderen Seite hin gehen könne«, orientiert er sich an der Spur, die er selbst hinterlassen hat: »Wie er sich aber nach rückwärts wandte, und niedergetretene Blumen den Weg zeigten, den er gegangen, und die gebeugten Halme hinter ihm sich zögernd und ängstlich aufzurichten schienen, ward er hochmütig. Schnell und sicher ging er dem Waldrand zu, und dann quer über den Weg, durchs Gestrüpp, über den schlüpfrigen Abhang, zum Waldbach hinunter. (...) Er kniete auf glatten rundgewaschenen Steinen und tauchte seine Hand in das grüne Wasser (...). Getrennt von seinem Leib durch eisige Kälte war seine Hand; daß sie ihm zugehörte, machte ihn staunen, und er sah auf sie wie auf ein fremdes unbegreifliches Tier.«

Diese wohl bedeutsamste Passage des Romans enthält den Schlüssel zu der Entfremdungsproblematik, die der Jugendstil mit ästhetischen Mitteln aufzulösen sucht. Erwachsen zu werden bedeutet, das Bewußtsein zu erlangen, der Natur Gewalt antun zu können. Aus der selbst hervorgebrachten Spur der Gewalt die Richtung des Fortschritts – im wörtlichen wie im übertragenen Sinne – abzuleiten, Selbstbewußtsein und Sicherheit zu ziehen aus einer Gewißheit, deren Inhalt doch in nichts anderem besteht als in der Unbezweifelbarkeit der selbstverursachten Zerstörung, bezeichnet mit einer weit über die bloß metaphorische Analogie hinausgehenden Genauigkeit die Dynamik einer Gesellschaft, die sich nach der Rationalität von Zwecken und Mitteln organisiert, über Richtung und Ziel ihrer Entwicklung jedoch im ungewissen bleibt. Aus diesem Grund werden die Hände, durch die die Menschen sich einer unbegriffenen Dynamik übereignen, am nachdrücklichsten aus dem allgemeinen Körpergefühl ausgegrenzt; das Motiv ist in der Literatur der Jahrhundertwende außerordentlich häufig anzutreffen. In dem Bild der Hände, die dem Subjekt fremd erscheinen wie unbegreifliche Tiere, erfährt das Kind zum erstenmal die Verselbständigung einer instrumentellen, auf blinde Unterwerfung und Aneignung der Natur gerichteten Vernunft. Daß diese Erfahrung vergessen wird, daß sie erst im Alter wieder auftaucht, wenn die Menschen aus dem gesellschaftlichen Funktionszusammenhang entlassen sind – die Hände erscheinen jetzt »wie langgebrauchtes Werkzeug – zu nichts mehr nutz« – läßt das Alter als den Inbegriff eines Schreckens ohne Ausweg erscheinen.

Gewiß läßt die Problematik von Alter und Tod sich niemals vollständig auf ungelöste gesellschaftliche Widersprüche reduzieren; wohl aber läßt Beer-Hofmanns Roman erkennen, daß auch die letzten, niemals aufzulösenden Probleme der conditio humana, wie Krankheit, Alter und Tod, je nach der Konstellation, die sie mit den gesellschaftlichen Bedingungen eingehen, sehr verschiedenartig erlebt werden können. Je rücksichtsloser das Existenzrecht der Menschen an die Fähigkeit gebunden wird, eine Funktion auszuüben, desto verheerender muß sich die Aussicht auf einen Lebensabschnitt auswirken, in dem sie aus allen Funktionen herausgefallen sind. In einer solchen Gesellschaft muß zum »Götterliebling« (so der ursprünglich geplante Titel von Beer-Hofmanns Roman) werden, wem, wie Georg, diese Erfahrung erspart bleibt; wer länger lebt, muß sein Leben schließlich als »Verbrechen« empfinden. »Und in sich dehnenden Nächten lagen sie ohne Schlaf mit offenen Augen, und faßten es nicht: was war ihr Verbrechen gewesen, das solche Strafe über sie herabgerufen? Und sie fanden es. Über ihr Blühen hinaus hatten sie dauern wollen; sie hatten erkannt, daß ihre Jugend zu Ende war, aber sie waren zu mutlos und zu schwach, um – ohne umzublicken – rücklings in dieselben nebelverhüllten dunkeln Meere sich sinken zu lassen, die vordem rätselvoll sie ins Dasein gespült hatten. Dauern wollten sie, leben. Und höhnend ihren Wunsch erfüllend, legte das Leben in die Erfüllung alle Strafe.«

Beer-Hofmanns Roman läßt deutlich werden, daß Ästhetizismus und Jugendstil, in ihren Ursprüngen gegen die Funktionalisierung und Verdinglichung des Lebens kritische Bewegungen, schließlich jene Tendenzen verstärken, gegen die sie sich gerichtet hatten. Geleitet von der Absicht, den Zerfall der Welt in starre, voneinander isolierte Gegenstände dadurch zu überwinden, daß er gleichsam zwischen den Dingen das noch verbliebene »Leben« freilegte, um auf diese Weise die verlorene Lebenstotalität wiederherzustellen, mündet der Jugendstil in der Verherrlichung einer abstrakten Dynamik. Da der Jugendstil, als ausschließlich ästhetisches Verfahren, von den Ursachen der fortschreitenden Verdinglichung prinzipiell absieht, wird der ihm verbleibende Spielraum immer geringer. Die ihn von Anfang an kennzeichnende eigentümliche Ambivalenz von Aufbruchsstimmung und Todesahnung geht auf seinen gleichsam defensiven Charakter zurück: der Jugendstil ist darauf angewiesen, das »Leben« dort aufzuspüren, wo die Prinzipien der Funktionalisierung und Verwertung noch nicht ausschließlich dominieren. Da dieser Bereich immer schmaler wird, muß schließlich, damit die Fiktion einer Lebenstotalität überhaupt noch aufrecht erhalten werden kann, Individualität nicht nur relativiert, sondern überhaupt preisgegeben werden. Eine treffende Beschreibung der »Substanz« der Gebilde des Jugendstils liefert Schmutzler: »Bei eindeutig bestimmter und meist scharf gezogener Formgrenze ist diese Stofflichkeit mehrdeutig, changierend und stets zu Verschmelzungen und Verwandlungen bereit. Fast immer erscheint sie glatt, zähflüssig und tritt wie nackt zutage – nicht als jeweils durch das tatsächliche Material bestimmte Substanz, sondern als undefiniert-lebendiges Substrat.«

Durch den Jugendstil wird zum erstenmal der Mensch aus der Kunst verdrängt; 1898 entsteht das erste völlig abstrakte Werk, der Gipsentwurf für ein »Denkmal der Säule« von Hermann Obrist, demselben Künstler, dessen Wandbehang »Cyclamen« unter der Bezeichnung »Der Peitschenhieb« bekannt wurde. Von der angestrebten Lebenstotalität ist nichts geblieben als eine von den Menschen abgelöste blinde Dynamik, die nun in den Dienst desselben Prozesses gestellt werden kann, der die Verdinglichung, gegen den der Jugendstil anzukämpfen versuchte, erst hervorgebracht hatte. Auch die Menschen in Beer-Hofmanns Roman sind von dem Peitschenhieb dieser Dynamik getroffen; so sehr, daß es ihnen als »Verbrechen« erscheint, ein Alter zu erreichen, in dem sie die Fähigkeit verloren haben, an dieser Dynamik, durch die allein ihr Dasein legitimiert war, mitzuwirken. Nur noch ein geringer Schritt ist es von der Verherrlichung dieser abstrakten Dynamik zu der Forderung, daß unproduktives Leben zu vernichten sei.

XIII

Die Rettung des unrettbaren Ich

Der »freche Schwindel« – Von der Stimmung zur Erkenntnis – Die verlorene Arabeske – Aufwertung der Außenwelt – Vom Zufall zur Seele – Umwertung der Machschen Elementenlehre – Innerer Zionismus

In seinem bis zur Jahrhundertwende entstandenen Werk hat Beer-Hofmann in einzigartiger Weise die Möglichkeiten des Subjekts ausgemessen, sich gegenüber der Welt rein ästhetisch zu verhalten. Während der Novelle »Das Kind« noch die These zugrundeliegt, nur in ästhetischer Distanz zur Welt könne sich das Subjekt ganz entfalten, vermittelt der »Tod Georgs« die Einsicht, daß ein rein subjektbezogenes Verhalten die Überwältigung des Subjekts durch die Außenwelt erst vollendet. Es ist das Problem des Ästheten, daß ihm Erkenntnis, die immer eine Vermittlung von Subjekt und Objekt voraussetzt, eigentlich nicht möglich ist. Alle Intensität, mit der er manche Eindrücke als zwingend, aus dem Strom des Bewußtseins herausgehoben, erlebt, vermag nichts daran zu ändern, daß, was ihm Erkenntnis zu sein scheint, bloß subjektive »Stimmung« bleibt. Soll der Roman die Möglichkeit eines Auswegs andeuten, so muß der Ästhet, wenn er sich selbst aus seiner Lage befreien soll, in die Lage versetzt werden, in der eigenen Subjektivität ein unbezweifelbar objektives Moment ausfindig zu machen. Das Subjekt müßte also sich selbst transzendieren, ohne aus sich herauszutreten – eine offenbare Unmöglichkeit, die aber doch schon allein durch die Tatsache zwingend vorgeschrieben ist, daß der Roman bis zum Schluß monologisch, in der Form der erlebten Rede, angelegt ist.

Unmittelbar nach der Lektüre des Romans bemerkte Schnitzler in einem Brief an Beer-Hofmann, »irgendwo« stecke im letzten Kapitel ein »frecher Schwindel«. Der Autor setze sich »sozusagen plötzlich an eine andere Orgel«, die zwar auch herrlich klinge – aber das beweise nichts. Der Bruch in der künstlerischen Gestaltung, den Schnitzler bemerkte, geht darauf zurück, daß Beer-Hofmann im letzten Kapitel versucht, mit denselben Mitteln, mit denen er den unlösbaren Konflikt des Ästheten gestaltet hatte, nun doch zu einer Lösung zu kommen. Daß bei der Lektüre ein Bruch zwar »irgendwo« zu spüren, die Bruchstelle selbst jedoch nicht ohne weiteres lokalisierbar ist, hat seine Ursache darin, daß Beer-Hofmann alle Anstrengungen unternimmt, die Spuren dieser Unstimmigkeit zu verwischen.

Der Trick, durch den Beer-Hofmann den von Schnitzler wahrgenommenen »frechen Schwindel« ins Werk setzt, besteht darin, daß er im letzten Kapitel Paul zwar die bloß subjektive Stimmung zugunsten von verbindlicher Erkenntnis überwinden läßt (zumindest ist dies die Absicht des Autors), daß er zugleich jedoch einen *bruchlosen* Übergang von der Stimmung zur Erkenntnis herzustellen versucht. Beer-Hofmann bemüht sich, Paul aus Stimmungen in Erkenntnis gleichsam hineingleiten zu lassen. Hatte, unmittelbar nach Georgs Tod, das dritte Kapitel mit einem Bild geschlossen, das keine scharfen Konturen erkennen ließ – »in den Wipfeln ferner Bäume und über dem breiten grauen Fluß hingen Nebel. (...) Dahinter schwammen im Dunst niedere Hügelketten« –, so ist zu Beginn des letzten Kapitels die herbstliche Landschaft der Erkenntnis von Zusammenhängen günstig: »Von den Bäumen war schon ein wenig Laub gefallen; wo sonst grüne Massen wirr ineinanderquollen, entwirrten sich Stämme, und man verstand ihren Wuchs (...). Die Fernen schwammen nicht im Dunst; in sicheren Linien schieden sie sich von Wolken. Klar schien sich alles um ihn zu gliedern. Wie es sich sonderte und stufte, erkannte er die Zusammenhänge. Was ihn umgab, begriff er so, als übersähe er es aus der Ferne. Das Einzelne bestach nicht mehr. Gerechter als vorher, vermochte er im stillen klärenden Licht des Herbstes den stummen Willen der Landschaft zu erfassen, durch die er schritt, und ihr Gesetz.« Das Kolorit wird abgelöst durch die alles individuierte zugunsten des Zusammenhangs relativierende »Linie« des Jugendstils. Virtuos wird der entscheidende Begriff der »Gerechtigkeit« eingeführt. Daß Pauls Blick »gerecht«, nicht mehr bestechlich durch Einzelnes, geworden ist, ist einerseits zwar durch die atmosphärischen Veränderungen verursacht, andererseits aber verrät die sprachliche Formulierung, daß Paul annimmt, er selbst sei in der Zwischenzeit von sich aus gerechter geworden, so daß – in seiner Perspektive – seine subjektive Disposition und die Außenwelt einander ergänzen. Subjekt und Objekt scheinen schon hier – Voraussetzung von Erkenntnis – in lebendiger Beziehung zu stehen.

Was den entscheidenden Übergang von bloß subjektiver »Stimmung« zu Erkenntnis beinahe der Wahrnehmung entzieht, ist die Tatsache, daß die Kritik der Stimmung, die der Erkenntnis vorausgehen muß, ihrerseits durch eine Stimmung ausgelöst wird. So besteht bereits eine bemerkenswerte Diskrepanz zwischen dem Gewicht der Erkenntnis, zu der Paul während seines Spaziergangs im Park von Schönbrunn gelangt, und der Art und Weise, wie der Entschluß, sich im Park aufzuhalten, zustandekommt: »An der Endstation der Pferdebahn stieg Paul aus und blieb unschlüssig stehen. War es nicht zu spät, um noch in den Park zu gehen? (...) Die Abende waren jetzt kalt; in kaum einer Stunde dämmerte es schon; war es nicht klüger, mit demselben Wagen gleich wieder in die Stadt zurückzufahren? Der Kutscher trat gerade aus einem kleinen Wirtshaus, ein Bierglas in der Hand, und weißen Schaum an seinem überhängenden Schnurrbart; ein häßlicher Geruch nach Saurem und Angebranntem und lauem Spülwasser zog sich aus der offenen Wirtshaustüre. Paul schritt über die Straße, den niederen Gebäuden zu, die den Park umschlossen; wenn es auch nur eine Stunde war, die er hier verbringen konnte – er wollte bleiben; die Luft war doch freier und reiner als in den Straßen.« Der entscheidende Augenblick, in dem der eigentliche Entschluß gefaßt wird, ist ausgespart, offenbar, weil er außerhalb von Pauls Bewußtsein bleibt. So ist es auch kein Entschluß, der sein Handeln bestimmt, sondern ein automatisch sich vollziehender Reflex, die Abkehr von Eindrücken, die von Auge und Geruchssinn als unangenehm empfunden werden. Erst im nachhinein, als die sinnliche Wahrnehmung sich bereits in Bewegung umgesetzt hat, begründet Paul vor sich selbst sein Handeln. Die Feststellung wäre nicht einmal besonders pointiert, daß die Überlegungen, durch die Paul sich als in einem Jahrtausende umfassenden Traditionszusammenhang stehend erkennt, abhängig sind von den flüchtigen und zufälligen Erscheinungen eines Augenblicks, von etwas Schaum im Barte des Kutschers und einer unangenehmen Geruchsempfindung. Die Szene scheint kaum zu einem Geschehen zu passen, das den unzerstörbaren Kern von Pauls Identität erkennbar werden lassen soll; eher schiene sie geeignet, den Versuch Ernst Machs zu unterstützen, das Ich auf einen reflexhaft reagierenden Komplex von teils unmittelbar gegenwärtigen, teils durch Erinnerung vermittelten Sinneswahrnehmungen zu reduzieren: »Was uns insbesondere an den Menschen als frei, willkürlich, unberechenbar erscheint, schwebt nur wie ein leichter Schleier, wie ein Hauch, wie ein verhüllender Nebel über dem Automatischen.«

Daß dieses Vorgehen notwendig ist, um die entscheidende Erkenntnis aus Paul selbst – der ja nicht in der Lage ist, aus seiner monologischen Existenz auch nur für einen Augenblick herauszutreten – hervorgehen zu lassen, zeigt schließlich die Szene, die die entscheidende selbstkritische Reflexion des Ästheten vorbereitet. Pauls Spaziergang im Park von Schönbrunn steht im Zeichen eines ungewöhnlich verlaufenden Wechsels der Jahreszeiten. Nach einem regnerischen Spätsommer, durch den die Blätter sich lange an den Bäumen halten konnten, hatte sich eines Abends ein Sturm erhoben, »der den Himmel reinfegte. (...) Am Morgen standen die Bäume kahl und in gelblichen Lachen lagen faulend ihre Blätter. (...) Und man fühlte, daß der Herbst zu Ende war, ehe er begonnen hatte.« Es ist diese Witterung – zufällig wie der Schaum im Barte des Kutschers –, die die Selbsterkenntnis des Ästheten ermöglicht: »Fast dieselben Dinge waren es, die Paul jedes Jahr im Herbst draußen vor der Stadt wiederfand; die Landschaft, der Ausdruck in den Gesichtern der Menschen, und auch seine eigenen Gedanken, die sich mitverflochten, schienen nur wenig verändert. Manchmal aber geschah es ihm, daß sein Blick gleichgiltig über oftgesehene Dinge glitt: Über einen schmal sich windenden Weg zwischen hohen Gartenmauern, oder über fahle, blutiggetigerte Blätter, die der Wind zusammengeweht;

und plötzlich schreckte ein Erinnern ihn auf, und er blieb stehen. Einmal hatten diese Dinge, die er jetzt kaum sah, stark an ihn gerührt. Sein Empfinden bewahrte noch die Erinnerung, aber seine Gedanken wußten nichts mehr davon.«

Was Paul – scheinbar unmotiviert – aufschrecken läßt, ist die Tatsache, daß eine Wahrnehmung nicht sofort die gewohnte sprachliche Arabeske in ihm hervorruft. Er ist daran gewöhnt, daß die Wahrnehmung abgefallener Blätter sich stets mit einer bestimmten Wortfolge verbindet: »An die abgefallenen Blätter mußte er denken, die im Herbst auf den Kieswegen der Gärten lagen. Braun und verdorrend rollten sich die, von beiden Rändern her, gegen die Mitte zusammen, abwehrend, als wollten sie von nichts mehr wissen.« So selbstverständlich steht ihm diese Vorstellung zur Verfügung, daß er sie jederzeit herbeizurufen vermag. Die ein für allemal vollzogene sprachliche Fixierung hilft ihm, eine potentiell beunruhigende, seine Gedanken auf den Tod lenkende Wahrnehmung abzuwehren, noch bevor sie wirksam werden kann.

Hatte Paul auf diesen Mechanismus: daß eine sprachliche Fixierung jede Wahrnehmung einzufangen bereitstand, bevor diese sich hätte verselbständigen können, bisher stets sich verlassen können, so bleibt dieses Mal die gewohnte begriffliche Arabeske aus: »aus den Dingen, an denen er jetzt achtlos vorbeiging, hatte damals irgend ein Erkennen, unverhüllt, mit nichtlügenden Augen auf ihn gesehen. (. . .) Was damals in ihm gewesen war, schien ihm so unwiederbringlich verloren, als hätte eine Übermacht es aus seinem Innern gerissen (. . .). Und er begriff es nicht: Wie konnte etwas, das einmal sein gewesen, ihm so verloren gehen, daß er auch nicht mehr wußte, was er verloren? Was ihn einmal so erschüttert hatte, mußte es nicht von jeher und für immer, unverlierbar in ihm ruhen? Was war noch sicher, wenn sein eigenes tiefes Empfinden ihn so verriet? (. . .) Und er zweifelte, ob, was er damals empfunden, auch wirklich ihm gehört hatte. War es nicht vielleicht aus vielem, was ihn fremd umgab, nur an ihn herangeweht worden? (...) Und gab es nichts, das unvergänglich in ihm war, das ihn nicht verlassen konnte, dessen er sich sicher fühlen durfte, und das immer ihm, und nur ihm, so gehörte, wie das Blut in seinen Adern?«

Damit ist der entscheidende Schritt zur Selbstkritik des Ästheten vollzogen. Der eingespielte Mechanismus braucht nur ein einziges Mal auszufallen, um die Erkenntnis unausweichlich werden zu lassen, daß alle bisherige Sicherheit Schein war. Vergebens wird wenig später die vertraute Arabeske noch einmal bemüht: die einmal erreichte Einsicht ist nicht mehr rückgängig zu machen. Alle Mühe, die Paul aufgewandt hat, um mit seiner Einbildungskraft jede Irritation zu beseitigen, erweist sich als vergebens. Paul ahnt, daß selbst der Gedanke, Georg sei ein »Liebling der Götter« gewesen, nicht zu halten sein wird: »Ihm war, als hätte er – er wußte nicht mehr wann – ungeheuerlich gelogen, und müßte es nun vor anderen und vor sich selbst verbergen.« Keine Sicherheit ist vom Sturz ausgenommen, weil jede Produkt einer Stimmung war. Nichts, das auf ein objektives Moment verwiese, nicht einmal die Intensität, mit der eine Stimmung als zwingend und unverlierbar erlebt worden war.

Zweifellos hat Beer-Hofmann bis zu diesem Punkt, um Schnitzlers Bemerkung aufzugreifen, die »Orgel« nicht gewechselt. Denn diese Selbstkritik des Ästheten, die eine Kritik der Stimmung ist, geschieht ihrerseits aus einer Stimmung heraus: hätte der Herbst den üblichen Verlauf genommen, hätten die Blätter sich gemäß der einmal gefundenen sprachlichen Fixierung zur dekorativen Arabeske formen können, anstatt durch den jähen Witterungsumschwung sofort unansehnlich zu werden: die Erkenntnis von der Scheinhaftigkeit aller Sicherheiten hätte sich nicht Bahn brechen können. Bis zu einer Kritik aller Sicherheiten kann auf diese Weise vorgestoßen werden – aber hier stehenzubleiben, genügt Beer-Hofmann nicht. Seine Absicht ist es, Paul zu einer neuen Gewißheit, die keine der bloßen Stimmung ist, gelangen zu lassen, ohne die monologische Erzähltechnik aufzugeben.

War der Sinn des sorgfältig gestalteten Übergangs von der Stimmung zur Erkenntnis es gewesen, den Ästheten gleichsam mit eigenen Mitteln aus seinen Illusionen sich befreien zu lassen: Kritik an der Stimmung aus einer Stimmung heraus, so soll dieses Prinzip nun auch bei der Begründung neuer Gewißheit wirksam werden. Hierzu muß zunächst die verachtete Außenwelt behutsam – ohne daß der Herrschaftsanspruch des Subjekts preisgegeben würde – aufgewertet werden; sie darf nicht länger zu einem bloßen Potential zufälliger Reize herabgesetzt werden. Die Einsicht, daß er eben dies stets getan hat, ist Paul durch die Kritik der Stimmung zugänglich geworden. Die beiden Frauen, die er im Park von Schönbrunn in einem Weiher sich spiegeln sah, hatten die Funktion, in ihm die Erinnerung an die längst vergessene Begegnung mit der Unbekannten am Ufer der Traun wieder wachzurufen. Nun kommt ihm die exemplarische Bedeutung der Szene im Park zum Bewußtsein. »Einen Augenblick lang«, überlegt er, »hatten sie in seinem Leben etwas bedeutet; und nicht einmal sie selbst. Daß ihre Schatten über ein dunkles herbstliches Wasser fielen, (...) war ihm so lange wichtig erschienen, als er fühlte, daß es an Dinge rührte, die lange tief in ihm vergessen lagen, und die nun wieder nach aufwärts drängten.« Diese Überlegungen werden von Paul ausführlich variiert. »Wie diese beiden Frauen war alles, was jemals in sein Leben getreten war, immer wieder daraus verschwunden. (...) Niemals war er begierig gewesen, ihr wahres Antlitz zu sehen.« Nichts, so erkennt Paul, war von ihm in seinem Eigenwert anerkannt worden, alle Dinge und Menschen waren für ihn beliebig austauschbar.

Daß Beer-Hofmann diesen Gedanken in immer neuen Variationen wiederholt, dient nicht nur dem Zweck, die Selbstkritik des Ästheten als umfassende Sinnesänderung erscheinen zu lassen; vor allem soll der allmähliche Übergang aus den Verstrickungen der subjektivistischen Haltung in eine neue Lebensform den Eindruck hervorrufen, daß der Ästhetizismus die Möglichkeit zu seiner Überwindung aus sich selbst hervorbringen kann. Daher läßt Beer-Hofmann den Gedanken, daß alles, was Paul in seinem bisherigen Leben begegnet war, bloß zufällig und von ihm beliebig verwertbar war, zunächst seine negative Bedeutung verlieren, bevor *derselbe* Gedanke es dem Ästheten ermöglicht, den Eigenwert der Dinge und Menschen anzuerkennen. Diese Umwertung wird dadurch ermöglicht, daß zunächst der rücksichtslose Aneignungsmechanismus, der bei der Begegnung mit der Frau zu Beginn des Romans am Werk gewesen war, außer Kraft gesetzt wird. Paul gelangt zu der Einsicht, daß alle Frauen, damit sie ihm als schön erscheinen konnten, ein eigenes, nicht auf ihn bezogenes Leben geführt haben müssen: »Denn viel hatte geschehen müssen, ehe sie so schön geworden.« Über die verallgemeinerte Fassung dieses Gedankens, daß nämlich jede Stunde »erfüllt von unendlich vielem«, das nicht »zweimal sich ereignen« kann, gelangt Paul schließlich – und damit ist die positive Umwertung vollzogen – zu der Erkenntnis, daß kein Ereignis vergeht, ohne eine Spur zu hinterlassen: »Und unverloren war der Reichthum a l l e r Stunden in einer Seele aufbewahrt, die kaum mehr davon wußte. Und der tiefatmende Friede, der manchmal aus dem dunkeln Klang einer Frauenstimme, wie über breite Tempelstufen, segnend zu einem herabstieg, war vielleicht in die Seele dieser Frau an einem heißen Sommertag eingezogen, an dem sie – noch ein Kind in der Wiege – in einem sonnigen Garten lag.« Mit dieser raffinierten Volte ist es dem Ästheten gelungen, den tödlichen Aneignungsmechanismus zu suspendieren und doch sein »Centrumsgefühl« nicht zu beeinträchtigen.

Nach diesem dreifach gestuften Übergang scheint nun die Möglichkeit gegeben, den entscheidenden Schritt zu vollziehen, durch den das ästhetische Prinzip umgewertet wird: »Alle Stunden, die kamen, formten so mit unablässigen Fingern eine Seele, und sie schien aus immer gleichen unseltenen Dingen, die allen gemein waren, gemacht. Weil aber nichts wiederkommen konnte (...) und die Last und der ganze Reichtum aller früheren Stunden, die bis zu ihr gewesen, auf jeder neuen Stunde als ihr schweres Erbteil lagen, war auch jede Seele die Hüterin von nie gesehenen, unerhörten, einzigen Wundern.«

Mit diesem Ergebnis verfügt Paul über den Schlüssel, mit dem er jedes der ihn bedrängenden Probleme zu lösen vermag. Hatte er bisher alles nur als ein Spiel angesehen, das ihn nichts anging, so vermag er nun dem Gebot des Lebens – »Spiel mit!« – zu folgen: Wenn kein Ereignis vergeht, ohne eine Spur zu hinterlassen, wenn alles auf alles einwirkt, dann ist auch er einbezogen in den »nichtreißenden Faden des großen Lebens (...), ein Spinner und, wie sein Leben sich mit hineinverflocht, Gespinst zugleich für die nach ihm«. An der Lüge, daß früh zu sterben eine Auszeichnung der Götter sei, braucht er nicht länger festzuhalten, da nun auch das Problem des Alters nicht mehr unüberwindlich ist: daß nichts ohne Wirkung bleibt, keine Geste, kein Lächeln verloren ist, läßt auch das Alter am »großen Leben« teilhaben.

Die Befreiung scheint dem Ästheten durch eigene Kraft gelungen zu sein. Denn die Erkenntnis, daß alles auf alles einwirkt, widerspricht nicht seinem bisherigen Prinzip, alles nur als zufälligen und austauschbaren Reiz wahrzunehmen. Jedes Ich setzt sich zwar aus zufälligen Elementen zusammen, aus den »immer gleichen unseltenen Dingen, die allen gemein« sind, aber die Tatsache, daß die jeweilige Summe aller Zufälle, die das Ich ausmacht, niemals aus denselben Elementen besteht, begründet seine Einzigartigkeit. An die Stelle einer bloßen Quantität von Reizen ist eine neue Qualität getreten.

Diese Konstruktion, durch die das Ich gerettet wird, entspricht bis ins Detail der Lehre des Philosophen, der wenige Jahre zuvor das Ich für »unrettbar« erklärt hatte.

Auch in der Philosophie Ernst Machs gibt es nichts, was ohne Wirkung bliebe. Ein Körper wirkt durch seinen Geruch, seine Farbe, seinen Geschmack; umgekehrt gilt, daß er nicht an sich, sondern nur durch die sinnlichen Reize, die er im Subjekt auslöst, wahrgenommen werden kann. Der Zusammenhang dieser Reize ist zufällig, denn der Geruch hat nichts mit der Farbe, diese nichts mit dem Geschmack zu tun. Daher ist es, wo alles zur Wirkung wird, sinnlos, nach einer diese einzelnen Wirkungen zusammenfassenden Einheit zu fragen. »Das Ding, der Körper, die Materie ist nichts außer dem Komplex der Farben, Töne usw. außer den sogenannten Merkmalen. Das vielgestaltige vermeintliche philosophische Problem von dem *einen* Ding mit seinen *vielen* Merkmalen entsteht durch das Verkennen des Umstandes, daß übersichtliches Zusammenfassen und sorgfältiges Trennen, obwohl beide temporär berechtigt und zu verschiedenen Zwecken ersprießlich, nicht auf *einmal* geübt werden können.« Dieser Sachverhalt gilt entsprechend für das wahrnehmende Subjekt. Es ist die – in jedem Augenblick sich verändernde – Summe der verschiedenartigsten sinnlichen Wahrnehmungen, zu denen Erinnerungen und Affekte hinzutreten, die ihrerseits auf frühere Wahrnehmungen zurückzuführen sind. Jedenfalls ist die Annahme einer Substanz, die auf der Subjektseite diesen Wahrnehmungen eine notwendige Einheit verliehe, ebenso unzulässig wie der Schluß von den *vielen* Merkmalen auf das *eine* Ding. Mach zufolge kommt dem Ich nur eine pragmatische Bedeutung zu, es ist nur eine »ideelle, denkökonomische, keine reelle Einheit (...). Das Ich ist keine unveränderliche, bestimmte, scharf begrenzte Einheit. Nicht auf die Unveränderlichkeit, nicht auf die bestimmte Unterscheidbarkeit von anderen und nicht auf die scharfe Begrenzung kommt es an (...). Wichtig ist nur die Kontinuität. Die Kontinuität ist aber nur ein Mittel, den Inhalt des Ich vorzubereiten und zu sichern. Dieser Inhalt und nicht das Ich ist die Hauptsache. Dieser ist aber nicht auf das Individuum beschränkt. Bis auf geringfügige, wertlose, persönliche Erinnerungen bleibt er auch nach dem Tode des Individuums in andern erhalten. (...) Das Ich ist unrettbar.« (Bahr) Damit entfällt auch die Differenzierung zwischen physikalischen und psychologischen Erscheinungen. Eine Farbe ist ein physikalisches Objekt, solange sie in ihrer Abhängigkeit von der beleuchtenden Lichtquelle betrachtet wird; in Beziehung auf die Netzhaut ist sie eine Empfindung, ein psychologisches Objekt.

Die Gründe für die nachhaltige Wirkung, die Machs Theorie auf die Zeitgenossen ausübte, liegen auf der Hand. Zum einen kam die Einebnung des Unterschiedes von physikalischen und psychologischen Momenten – Mach faßt beide unter dem Begriff »Elemente« zusammen – dem Bedürfnis entgegen, individuiertes, durch Bewußtsein vereinzeltes Leben zu einer neuen Totalität zu verbinden. Zum andern mußte Machs These des unrettbaren Ich deshalb als besonders plausibel erscheinen, weil sie die theoretische Begründung für eine verbreitete subjektive Erfahrung bot. Mit der Betonung des Vorrangs der Inhalte, der das Ich zu einer bloßen Funktion herabsetzt, entspricht Machs Philosophie einer Gesellschaft, in der alles auf die Produktion, auf die produzierenden Subjekte nichts ankommt. Der von Heiner Willenberg gegen Mach vorgebrachte Einwand, »daß er in seiner Verachtung des Ich übersah, mit dieser Behauptung selbst einen wertenden Zentralpunkt, ein wissendes Ich vorausgesetzt zu haben«, ist zwar erkenntnistheoretisch zutreffend, er läßt jedoch unberücksichtigt, daß Machs Entscheidung gegen das Ich sich in Übereinstimmung mit der gesellschaftlichen Entwicklung und dem Lebensgefühl der Menschen befindet: im Zweifelsfall wird das Ich auch durch den Nachweis, daß es erkenntnistheoretisch nicht umzubringen ist, kaum gerettet werden können.

Der Bruch in Beer-Hofmanns Roman kommt also dadurch zustande, daß die Reflexionen, durch die das Ich in seiner Einzigartigkeit gerettet werden soll, mit der

Theorie übereinstimmen, durch die die Unrettbarkeit des Ich demonstriert wird. Jedes Ich, überlegt Paul, in Übereinstimmung mit der Machschen Elementenlehre, besteht aus den »immer gleichen unseltenen Dingen, die allen gemein« sind; weil die Konstellation dieser unseltenen Dinge keinen Augenblick unverändert bleibt, ist jede unwiederholbar – und daher ist, so folgert er, »auch jede Seele die Hüterin von nie gesehenen, unerhörten, einzigen Wundern«.

Der unvermittelt eingeführte Begriff der »Seele« ist der die Machsche Theorie plötzlich außer Kraft setzende Deus ex Machina, den Paul herbeizaubert. Durch ihn soll eine qualitative Differenz hergestellt werden zwischen der abstrakten Unendlichkeit der verschiedenen Empfindungskomplexe und der Unverwechselbarkeit jedes einzelnen Menschen. Keineswegs aber werden die Empfindungskomplexe schon dadurch zur einzigartigen »Seele«, daß keiner dem anderen gleicht – vielmehr läßt gerade eine solche leere Unendlichkeit alle Differenzen gegenstandslos werden; sie fließen zusammen in ein ununterscheidbares Einerlei.

Daher kann es nicht damit sein Bewenden haben, daß der Ästhet sich plötzlich auf den Begriff der Seele besinnt. Aber auch der Begriff der »Gerechtigkeit«, mit dem Paul dem blinden Zufall eine höhere Weihe zu geben versucht, ist nicht geeignet, einen Weg aus der ungelösten Problematik zu weisen. »Und es geschah nicht Unrecht. Nicht dem Strom, dem Felsen den Weg versperrten, und den Felsen nicht, gegen die, rastlos sie zernagend, Fluten sich warfen. Unaufhaltsam, nach eingeborenen Gesetzen, entrollten sich ihre Lose, und was Unrecht schien, war nur der Knoten, zu dem gerechte Lose, das Leben flechtend, sich verschlangen.« Der weihevolle Begriff vermag nicht darüber hinwegzutäuschen, daß sich hinter ihm zunächst nichts anderes verbirgt als der Positivismus der zeitgenössischen Naturwissenschaften, dessen Maxime, alles Geschehen lasse sich auf mechanisch wirkende Naturgesetze zurückführen, das zeitgenössische Bewußtsein auch über den naturwissenschaftlichen Bereich hinaus nachhaltig prägte. Die Einführung des Begriffs der Gerechtigkeit ist daher nichts anderes als ein weiterer Versuch, auf der Grundlage des Positivismus die mit diesem notwendig gesetzte Erkenntnisgrenze zu überschreiten.

Was den Ästheten mit dem Positivisten verbindet, ist ein extremer Subjektivismus. Wie für den Ästheten nichts wirklich ist, was außerhalb des eigenen Subjekts läge, so gibt es für den Positivisten keine Gewißheit jenseits der subjektiven sinnlichen Erfahrung. Daher muß ungewiß bleiben, ob es sich bei den Erkenntnissen, durch die Paul meint, die Befangenheit in bloß subjektiven »Stimmungen« überwunden zu haben, nicht ihrerseits lediglich um Stimmungen handelt. »Aber woran wollte er erkennen, daß das Schicksal früherer Stunden nicht auch dieser Abendstunde bereitet war? (...) Welches Zeichen war ihm denn gegeben, daß dies nicht vergänglich in ihm war, daß es ihn nicht verlassen konnte, daß er sich dessen sicher fühlen durfte, daß es – wie das Blut in seinen Adern – immer ihm, und nur ihm gehörte?«

Durch die Wendung »wie das Blut in seinen Adern« wird bereits in der Frage die Antwort vorbereitet. Es ist die Besinnung auf seine jüdische Abstammung, die es dem Ästheten endlich ermöglicht, sich jenes außersubjektiven Moments zu vergewissern, durch das allein Stimmung von Erkenntnis unterscheidbar wird. »Denn über dem Leben derer, deren Blut in ihm floß, war Gerechtigkeit wie eine Sonne gestanden (...). Und von ihrem Blute war auch er.« Erst dadurch, daß dem Begriff der Gerechtigkeit eine religiöse Wendung gegeben wird, weist er über die blinde positivistische Tatsächlichkeit hinaus; erst die Transzendenz verwandelt die zufällige Einmaligkeit eines »Empfindungskomplexes« in die Einzigartigkeit einer »Seele«. Daß Beer-Hofmann den Ästheten dieses nichtsubjektive Moment in dem »Blut in seinen Adern« finden läßt, kommt der formalen Geschlossenheit des

Romans zweifellos sehr entgegen: abermals scheint der Ästhet in sich selbst den Ausweg zu finden. Trotzdem ist unverkennbar, daß mit der Wendung zum Judentum die Immanenz des Ästhetizismus durchbrochen ist.

Die befremdete Reaktion mancher Zeitgenossen ist auf diesen Bruch zurückzuführen. Aufschlußreich ist auch die Haltung von Georg Lukács gegenüber dieser Entwicklung: »Dies ist also die neue Welt, der Weg, der aus dem Ästhetentum herausführt: das religiös tiefe Durchempfinden des Zusammenhanges von Allem mit Allem. (...) Es ist das Notwendigwerden der Zufälle; die Zufälligkeiten, die Momentanitäten, die Niewiederholungen werden mit solcher Kraft zum Weltgesetz erhoben, daß sie aufhören, Zufälligkeiten und Momentanitäten zu sein.« Daß Lukács die Selbstbesinnung Pauls auf sein Judentum ignoriert – sie klingt lediglich in der sehr unbestimmten Formulierung vom »religiös tiefen Durchempfinden des Zusammenhanges« an –, ist mit literarischen Kriterien allein nicht zu begründen. Wahrscheinlich irritierte ihn weniger die künstlerische Fragwürdigkeit des Romanschlusses als vielmehr die Tatsache, daß die Lösung, die Beer-Hofmann anbot, um einen hohen Preis erkauft war. In der Besinnung auf die Zugehörigkeit zum jüdischen Volk, auf eine durch das »Blut« vermittelte Tradition mußten die jüdischen, dem liberalen Bürgertum entstammenden Zeitgenossen die Preisgabe der Hoffnung sehen, die Unfreiheit, in der die Juden jahrhundertelang aufgrund ihrer Herkunft gehalten worden waren, endgültig überwinden zu können. Einsetzend mit den Reformen Josephs II. hatte der Liberalismus für die Juden – zum erstenmal in ihrer Geschichte – die Aussicht auf vollständige Befreiung gebracht; in der Gesetzgebung der Jahre 1859 bis 1868 schien diese Entwicklung gesichert worden zu sein: »Die österreichischen Juden traten unwiderruflich in die bürgerliche Welt der liberalen Epoche ein.« Mit dem Liberalismus schien für viele Juden »die Stunde des Messias« gekommen zu sein (Wolfgang Häusler).

Die vorbehaltlose Identifizierung des jüdischen Bürgertums mit dem Liberalismus mußte sich bedrohlich auswirken, als das Kleinbürgertum, das durch die wirtschaftlichen Konzentrationsprozesse in wachsende Bedrängnis und weltanschauliche Orientierungslosigkeit geraten war, im liberalistischen System die Wurzel allen Übels zu sehen begann. »In wenigen Jahren hatte der Antisemitismus die Hoffnung auf Integration in die bürgerliche Gesellschaft zunichte gemacht. Emanzipation, Assimilation, Aufgehen in gemeinsamer Lebensform und Kultur – all das war über Nacht gefährdet und fragwürdig geworden.« (Häusler) Plötzlich sollte die Herkunft, das »Blut«, wieder eine unübersteigbare Schranke bedeuten.

So war der Ausweg, der seine programmatische Formulierung in Theodor Herzls 1896 erschienener Schrift »Der Judenstaat« fand: die trotzige Berufung auf die jüdische Nationalität, zugleich das Eingeständnis einer Niederlage. Denn zu seiner Legitimation mußte der Zionismus sich eben darauf berufen, was die Antisemiten unermüdlich ins Feld führten, die unaufhebbare, niemals ganz abzulegende Bindung an die Herkunft, an das »Blut«. Bei aller Bitterkeit über den sich verschärfenden Antisemitismus lag es, um die Jahrhundertwende, der Mehrzahl der liberalen Juden noch ganz fern, die zionistische Konsequenz zu ziehen. Charakteristisch hierfür ist, daß, als Beer-Hofmann aus dem unveröffentlichten Manuskript des Romans vorlas, Schnitzler die religiöse Wendung, der der Autor den Begriff der »Gerechtigkeit« gab, unverständlich blieb. »Der Tod Georgs. – Er raubt uns alles und zum Schluß gibt er alles zurück, aber in einen Sack genäht (Gerechtigkeit!) und wir dürfen nicht hineinschaun.«

Die Notiz zeigt, daß Schnitzler die qualitative Wandlung, die der Begriff der Gerechtigkeit durchmachen sollte, nicht als überzeugend empfand; die religiöse Akzentuierung entging ihm, offenbar, weil sie ihm so fern lag, daß sie nicht einmal als Möglichkeit aktualisierbar war. Zwar mündet Beer-Hofmanns Roman nicht in zionistische Programmatik; im Gegenteil, daß Paul am Schluß »in den schweren Takt« der Schritte der vor ihm gehenden Arbeiter verfällt, scheint seinen Wunsch nach Versöhnung auch mit seiner sozialen Umgebung ausdrücken zu sollen. Trotzdem fühlt erst durch die Berufung auf das »Blut« der Ästhet sich in seiner neuen Haltung bestätigt. Seine Entwicklung ist die Wendung zu einem »inneren Zionismus«.

Zwei Jahrzehnte später, ein halbes Jahr nach dem Auseinanderbrechen der Monarchie, ist es die Besinnung auf das Judentum, die Hofmannsthal veranlaßt, das Werk Beer-Hofmanns insgesamt mit dem Vorwurf des Nationalismus zu belegen. »Mir geht es eigen mit dem Stück«, schreibt er über »Jaákobs Traum« (aus dem Zyklus »Die Historie von König David«). »In der Erinnerung wird mir der eine Zug, der mir fremd darin ist, der chauvinistische oder national-stolze – worin ich, wie im Dünkel u. in der Selbstgerechtigkeit des Einzelnen, nicht anders kann als die Wurzel alles Bösen sehen – weit fühlbarer und verstört mich beinahe wie ein fremder u. böser Zug in einem sonst lieben u. schönen Gesicht. (...) und auch im ›Tod Georgs‹ ist ein solcher Zug –«

Dieser Brief führte zu einer schweren Krise zwischen den Freunden, und Hofmannsthal tat alles, um den von ihm erhobenen Vorwurf abzuschwächen: »Das über Jaácobs Traum Gesagte ist purer Unsinn – und doch ist dieser Punkt vielleicht der einzig Verzeihbare. In diesem Punkt hat der Krieg mich krank gemacht. (...) Mir flößen nun diese rätselhaften Entitäten die Nationen, ein solches Grauen ein, daß jedes harmlose Wort, das auf die Nation reflectiert, mich krank macht. Vielleicht wären Chinesen die einzigen, aus deren Mund ich momentan eine Äußerung des nationalen Selbstgefühls – ob des triumphierenden oder leidenden vertrüge. In Ihrem Stück ist das Alles so, daß man ohne krankhafte Irritation nichts daran aussetzen kann.« Ohne jede Einschränkung nimmt Hofmannsthal seinen Vorwurf in Hinsicht auf den »Tod Georgs« zurück. Trotzdem kann kein Zweifel sein, daß natürlich auch hinter dem Unbehagen an dem Roman die Erfahrung steht, daß das Nationalitätenprinzip zum Zerbrechen des Habsburgerreiches geführt hat. Mochte die Schärfe der Kritik auch auf den Schock zurückzuführen sein, unter dem Hofmannsthal stand, ihren Kern konnte er nicht zurücknehmen. Die Betonung der eigenen Nationalität konnte für ihn, aber auch für andere Angehörige des jüdischen Bürgertums, wie Lukács und Schnitzler, zu keinem Zeitpunkt ein Ausweg sein, da sie sich jenes Prinzip zu eigen machte, mit dem den Juden das Heimatrecht in Europa streitig gemacht wurde.

XIV

Der Zirkelschluß des ästhetischen Bewußtseins

Selbstüberwindung von Ästhetizismus und Jugendstil – Transzendenz im Gedächtnis

Sieht man – sofern das überhaupt möglich ist – von dieser Problematik ab, um zu entscheiden, ob der Schluß des Romans als Überwindung des Ästhetizismus zu überzeugen vermag, so kann die Antwort nicht zweifelhaft sein. Insofern der Schluß den Anspruch erhebt, den Bann der monologischen Existenz des Ästheten aufzulösen, ist er mißlungen. Nichts steht dafür ein, daß für Paul aus der Forderung »Keiner durfte für sich allein sein Leben leben« mehr wird als eine abstrakte Einsicht: »Keiner durfte für sich allein sein Leben leben. Er sprach; und ein Wind faßte sein Wort und trug es und senkte es in ein fremdes Leben, in dem es keimte und aufwuchs, es zersprengend vielleicht, und vielleicht ihm reiche Frucht und Segen schenkend. Er ging; und sein Schatten fiel über den Weg und deckte mit Dunkel ein Kleinod, das sonst andere gelockt hätte. Er schwieg; und Stimmen wurden vernehmlich, die sonst der Schall seiner Worte übertönt hätte. Er stand regungslos; und unter seinen Sohlen starben Keime erstickt, weil er nicht weitergeschritten war. Er wich vom Weg, um allein zu gehen; und zur vorbestimmten Zeit fand er ein fremdes Schicksal harrend sitzen, dem sein Kommen längst verheißen war.«

Keine der Tätigkeiten, durch die Paul sich der neuen Verbundenheit mit dem Leben zu vergewissern sucht, schließt eine wirkliche Auseinandersetzung mit der Außenwelt ein; die Verben bezeichnen keine Handlungen, sie bekräftigen lediglich, daß es nichts gibt, was nicht, durch sein bloßes Dasein, Ursache für etwas anderes sein kann. Keine einzige dieser Vorstellungen weist über die bisherige Passivität Pauls hinaus. So wäre es denn auch ganz verfehlt, aus den letzten Sätzen des Romans (wie Otto Oberholzer es versucht) eine aktive Eingliederung des Ästheten in soziale Zusammenhänge herauslesen zu wollen: »Ein Trupp abgelöster Arbeiter, ihr Werkzeug auf den Schultern, ging mit schweren Schritten vor Paul einher und nahm die Breite des Weges ein. Sie sprachen miteinander in einer fremden Sprache, die Paul nicht verstand. – Er war zu müde, um rascher zu gehen und sie zu überholen. Langsam ging er hinter ihnen, unbewußt in den schweren Takt ihrer Schritte verfallend. – Wie dicht der Nebel war und wie weit die Stadt lag! Aber durch alle Müdigkeit hindurch empfand Paul Ruhe und Sicherheit. Als läge eine starke Hand beruhigend und ihn leitend auf seiner Rechten; als fühle er ihren starken Pulsschlag. Aber was er fühlte, war nur das Schlagen seines eigenen Bluts.«

Hätte Beer-Hofmann die Besinnung auf die jüdische Tradition, die zum erstenmal am Schluß seines Romans hervortritt, nicht zur Grundlage seiner späteren dichterischen Arbeit gemacht, so läge die Vermutung nahe, der Erzähler distanziere sich mit dem letzten Satz von der Lösung, die der Ästhet für sich gefunden zu haben glaubt. Nichts steht dafür ein, daß »das Schlagen seines eigenen Bluts« von einer bloßen Stimmung qualitativ unterschieden ist. Gewiß mag in der Tatsache, daß Paul den abziehenden Arbeitern folgt, sich sein Wunsch ausdrücken, Anschluß an ein aktives, nicht nur der Pflege der eigenen Subjektivität gewidmetes Leben zu gewinnen. Was es mit diesem Wunsch auf sich hat, ließe sich allerdings kaum sarkastischer andeuten als durch den Hinweis, daß es seine Müdigkeit und Passivität ist, die ihn in den Schritt der Arbeiter verfallen läßt. Auch künftig wird der Ästhet nur die Sprache des eigenen Innern verstehen; die soziale Realität wird ihm so unverständlich bleiben wie die Sprache der Arbeiter.

Das Maß an Vermittlung mit der Außenwelt, das dem Ästheten äußerstenfalls zugänglich ist, ist eine unbestimmte Ahnung von der Unwiderstehlichkeit der geschichtlichen Entwicklung. Sein halb unbewußt bleibender Versuch, diese Entwicklung nicht gänzlich zu verfehlen, verleiht dem Schluß von Beer-Hofmanns Roman eine weit über das einzelne Werk hinausgehende repräsentative Bedeutung. In dem hilflosen Versuch des Ästheten, den verlorenen Anschluß an die Außenwelt wiederzugewinnen, erscheint, zum Bild verdichtet, die Situation des liberalen Bürgertums im gesellschaftlichen Gefüge der Vorkriegszeit. Der Liberalismus hat aufgehört, eine geschichtsmächtige Kraft zu sein. Das bürgerliche Individuum, das, als selbstbewußt handelndes, sich noch im 18. Jahrhundert als Bedingung des geschichtlichen Fortschritts verstehen konnte, bleibt ohnmächtig hinter einer Entwicklung zurück, deren Dynamik sich längst von allen individuellen Bestrebungen gelöst hat und die daher dem bürgerlichen Bewußtsein zutiefst unverständlich bleibt. Der Schluß von Beer-Hofmanns Roman ist daher seinem gesellschaftlichen Gehalt nach wahr und illusionär zugleich. Wahr, weil in ihm das um die Jahrhundertwende bereits gesprochene geschichtliche Urteil über das Bürgertum erscheint. Illusionär, weil die Möglichkeit suggeriert wird, allein aus dem subjektiven Bewußtsein heraus lasse sich die Verbindung von Subjektivität und gesellschaftlicher Wirklichkeit wieder herstellen; während die Abspaltung der Subjektivität doch gerade erfolgte, weil ihr in der gesellschaftlichen Wirklichkeit keine Funktion mehr zukam. Daher muß der Roman scheitern, sofern in ihm nicht nur eine – von ästhetischer Vermittlung unabhängige – religiöse Botschaft verkündet, sondern eine Selbstkritik des Ästhetizismus versucht wird. Die Ohnmacht des Subjekts hatte er dadurch zu kompensieren versucht, daß er es auf sein Bewußtsein sich zurückziehen ließ, mit solcher Ausschließlichkeit, daß endlich das Gefühl der Ohnmacht umschlug in ein trügerisches Gefühl der Macht. Durch das Bewußtsein sollte schließlich sogar die Rücknahme seiner Abspaltung von der Außenwelt möglich werden ohne Rücksicht auf die historische Entwicklung, die diese Abspaltung erst hervorgebracht hatte. Das ist der Zirkelschluß des Ästhetizismus. Daß der Ausweg aus den Stimmungen, den der Ästhet am Schluß des Romans gefunden zu haben glaubt, doch wieder nur eine Stimmung ist, zeigt sich darin, daß nichts sichtbar wird, an dem die vermeintliche Erkenntnis sich bewähren könnte. Im Gegensatz zur Stimmung aber ist es die Eigenart der Erkenntnis, daß sie, weil ihr ein Spannungsverhältnis von Subjekt und Objekt wesentlich ist, die Frage nach ihrer *Bewährung* ermöglicht. Ergebnis eines Reflexionsprozesses, weist Erkenntnis doch über die Reflexion hinaus: sie bewährt sich in konkretem Handeln oder versagt vor ihm. Der Ästhet in Beer-Hofmanns Roman dagegen bleibt befangen in seinen Reflexionen. Weil sein Bewußtsein beansprucht, alles in Reflexionen auflösen zu können, bleibt nichts übrig, an dem seine Reflexion sich bewähren könnte. Daher kann dieses Bewußtsein nur Stimmungen hervorbringen, keine Erkenntnisse. Sein Umfang ist so groß, daß für Handlungen kein Raum mehr bleibt, nicht mehr zu bleiben braucht. Die Macht dieses Bewußtseins ist deshalb zugleich seine Ohnmacht. Die gesellschaftliche Stellung des Ästheten und die Struktur seines Bewußtseins entsprechen einander so genau, daß ein Ausweg aus der Ohnmacht der subjektiven Macht nicht möglich ist.

Noch im Jahre 1944, ein Jahr vor seinem Tode, meinte Beer-Hofmann – wie Werner Vordtriede überliefert hat –, er habe mit dem »Tod Georgs« »dem Ästheten mit den Mitteln des Ästhetentums ein Ende bereitet«. Die ungewöhnlich lange Entstehungszeit des Romans dürfte damit zusammenhängen, daß der Autor während der Arbeit an ihm versuchte, auch für sich selbst die Position einer selbstgenügsamen, die Wirklichkeit verleugnenden Kunst zu überwinden. Schon 1893 äußerte sich Beer-Hofmann unwillig über den ursprünglich geplanten Titel, ohne jedoch bereits die Möglichkeit einer anderen Gestaltung zu sehen: »der ironische Titel widert mich an; ob ich zu Wege brächte, einmal Ironie aus meinem Empfinden zu streichen.« Gemeint ist schon hier der Zwang, dem »Leben« gegenüber eine gebrochene, ästhetisch distanzierte Haltung einnehmen zu müssen.

Die entscheidende Wende tritt ein, als er Ende 1895 die sechzehnjährige Paula Lissy kennenlernt; nach der Geburt der Tochter Mirjam im September 1897 schreibt er an Hofmannsthal, er glaube, »daß jetzt die letzten Türen ins Schloß gefallen« seien, »durch die Unreines und Häßliches in mein Leben hätte dringen können. (...) Bei allem Bisherigen konnte noch manchmal ein Mißtrauen aufkommen: Was ist wahres Empfinden, und wieviel Selbstbelügen und wieviel Stimmung und wieviel Einfluß von fremden Worten und Gedanken Anderer? Jetzt aber scheint es mir als hätte ich ein unveränderliches und sicheres Maß geschenkt bekommen das mich abhält Leeres und Gleichgiltiges für voll und wichtig zu nehmen. Denn es gibt Nichts, was so einfach, klar und unverrückbar wäre wie das Verhältnis von Vater zu Kind. Denn das ist nicht irgend eine *Beziehung* des Lebens, es ist ja das Leben selbst; im ›von Anderen stammen und Andere zeugen‹ lebt ja das Leben.« Durch die Beziehung zum eigenen Kind wurde für Beer-Hofmann eine Kontinuität des Lebens erfahrbar, vor der sich die ästhetizistische Befangenheit in der eigenen Subjektivität auflöste. Diese erfahrene Kontinuität ließ möglich werden, was im Roman unvermittelt und abstrakt bleiben mußte: das eigene Leben in lebendiger Beziehung zu den Vorfahren und damit auch zur Geschichte zu sehen. Bereits in dem bald nach der Geburt der Tochter entstandenen »Schlaflied für Mirjam« wird die Vaterschaft erlebt als Teil des umfassenden Traditionszusammenhangs:

Schlaflied für Mirjam

Schlaf mein Kind – schlaf, es ist spät!
Sieh wie die Sonne zur Ruhe dort geht,
Hinter den Bergen stirbt sie im Rot.
Du – du weißt nichts von Sonne und Tod,
Wendest die Augen zum Licht und zum Schein –
Schlaf, es sind soviel Sonnen noch dein,
Schlaf mein Kind – mein Kind, schlaf ein!

Schlaf mein Kind – der Abendwind weht.
Weiß man, woher er kommt, wohin er geht?
Dunkel, verborgen die Wege hier sind,
Dir, und auch mir, und uns allen, mein Kind!
Blinde – so gehn wir und gehen allein,
Keiner kann Keinem Gefährte hier sein –
Schlaf mein Kind – mein Kind, schlaf ein!

Schlaf mein Kind und horch nicht auf mich!
Sinn hats für mich nur, und Schall ists für dich.
Schall nur, wie Windeswehn, Wassergerinn,
Worte – vielleicht eines Lebens Gewinn!
Was ich gewonnen gräbt mit mir man ein,
Keiner kann Keinem ein Erbe hier sein –
Schlaf mein Kind – mein Kind, schlaf ein!

Schläfst du, Mirjam? – Mirjam, mein Kind,
Ufer nur sind wir, und tief in uns rinnt

Blut von Gewesenen – zu Kommenden rollts,
Blut unsrer Väter, voll Unruh und Stolz.
In uns sind Alle. Wer fühlt sich allein?
Du bist ihr Leben – ihr Leben ist dein – –
Mirjam, mein Leben, mein Kind – schlaf ein!

Daß Beer-Hofmann die Novelle »Das Kind« später nie mehr erwähnte, daß er sie sogar von der Aufnahme in seine Gesammelten Werke ausschloß, hat seinen Grund darin, daß der Vorrang des Lebens vor der Kunst, der endgültige Bruch mit dem Ästhetizismus nie mehr in Frage gestellt werden sollte.

Durch den Bruch in der künstlerischen Gestaltung legt der Roman »Der Tod Georgs«, entstanden in den Jahren des Übergangs, Zeugnis ab von diesem grundlegenden Wandel. Der unvollendet gebliebene Zyklus »Die Historie von König David« dagegen steht ganz im Dienst der Vergegenwärtigung der jüdischen Tradition. Allenfalls die prunkvolle Sprache der schweren Verse mag noch vereinzelt an die ästhetizistische Gestaltungsweise erinnern. In dem Erinnerungsbuch »Paula. Ein Fragment« schließlich, das Beer-Hofmann nach dem Tode seiner Frau im New Yorker Exil schrieb, ist von der Preziosität der frühen Jahre nichts mehr geblieben, obwohl die sprachliche Gestaltung nicht weniger reich ist als die Prosa des Romans. Aber dieser Reichtum steht nicht mehr im Dienst einer artifiziellen Konstruktion. »Was ich da schreibe«, bemerkte Beer-Hofmann, »ist ja auch gar nicht von mir. Ich beschreibe ja nur, wie es tatsächlich war. Ich tue nichts anderes, als mich mit aller Kraft gegen Einfälle wehren.« Der Reichtum dieser Prosa ist Erinnerung. Kostbar sind nicht mehr einzelne Formulierungen und einzelne Adjektive, kostbar ist das Gedächtnis. »In fernen Gräbern, die meine Augen nie wiedersehen werden, ruhen diese Menschen. Ich habe sie sehr lieb gehabt. Ich bin der Letzte, der von ihnen weiß. Vielleicht wird noch manchmal flüchtiges Erinnern an sie meine Kinder wie ein leicht hinschwindender Hauch aus ihrer Jugend streifen, aber nach diesen wird niemand mehr da sein, der von ihnen noch weiß, und alle Liebe, die sie gaben und empfingen, wird mit ihnen eingegangen sein in das große Vergessen.« Beer-Hofmann verrät nichts darüber, ob er seine Erinnerungen aufgehoben glaubt in einer Transzendenz, in der nichts wirklich verloren sein kann, oder ob er andeuten will, daß das menschliche Gedächtnis allein das Vergessen um ein geringes verzögert. Gerade weil Beer-Hofmann es vermeidet, das Gedächtnis als Vorschein religiös verbürgter Gewißheit darzustellen, enthält seine letzte Arbeit, entstanden zu einer Zeit der entfesselten Vernichtung, die Mahnung, daß es vor allem in die Hände der Menschen selbst gelegt ist, ob ihnen wenigstens noch der vergängliche Schein eines Unvergänglichen bleibt.

XV

Literaturhinweise

Die umfangreichste Darstellung der geschichtlichen, kulturellen, ethnischen Entwicklung sowie der geographischen Gliederung der Habsburgermonarchie ist das noch unter der Schirmherrschaft des Kronprinzen Rudolf (1858–1889) begonnene vielbändige Sammelwerk »Die österreichisch-ungarische Monarchie in Wort und Bild« (Wien ab 1887). Den gleichen enzyklopädischen Anspruch (allerdings beschränkt auf die Jahre 1848 bis 1918) erhebt das im Auftrag der Österreichischen Akademie der Wissenschaften von Adam Wandruszka und Peter Urbanitsch herausgegebene, auf neun Bände angelegte Werk »Die Habsburgermonarchie« (Band I: »Die wirtschaftliche Entwicklung«, herausgegeben von Alois Brusatti, Wien 1973). Auch die einbändige »Geschichte des Habsburgerreiches 1526–1918« von Robert A. Kann (Wien, Köln, Graz 1977) ist der Gesamtheit nicht nur der politischen, sondern auch der kulturellen Geschichte gewidmet.

Im Zusammenhang mit dem Thema »literarischer Jugendstil in Wien« werden diese Werke wohl nur ausnahmsweise konsultiert werden müssen; zur Einführung sind sie ihrer ganzen Anlage nach nicht geeignet. Wer sich über die Geschichte Österreichs informieren will, sollte zu der Darstellung von Ernst Joseph Görlich greifen, »Grundzüge der Geschichte der Habsburgermonarchie und Österreichs« (erschienen als

Band 15/16 der Reihe »Grundzüge« in der Wissenschaftlichen Buchgesellschaft, Darmstadt 1970); das Buch zeichnet sich aus durch die Verbindung von gedrängter Darstellung und reicher Information im Detail. – Das Zeitalter des vorletzten österreichischen Kaisers, der im Jahre 1848 als Achtzehnjähriger den Thron bestieg und erst 1916 starb, wird in den Büchern von Karl Tschuppik (»Franz Joseph I. Der Untergang eines Reiches«, Hellerau 1928) und Franz Herre (»Kaiser Franz Joseph von Österreich. Sein Leben – seine Zeit«, Köln 1978) dargestellt. Beide Bände, besonders aber das glänzend geschriebene Buch von Herre, widerlegen das Vorurteil, daß seriöse Geschichtsschreibung und unverkrampfte, ja – horribile dictu – unterhaltsame Darstellung einander ausschließen. – Die Epoche von 1867, dem Jahr des »Ausgleichs« zwischen den österreichischen Kronländern und Ungarn, bis 1918 stellt Albert Fuchs in seinem sehr lesenswerten Buch »Geistige Strömungen in Österreich 1867–1918« dar (zuerst 1949, Neudruck 1978). – Eher kulinarisch angelegt, mit Abbildungen üppig versehen ist die Darstellung von Franz Endler (»Das k.u.k. Wien«, Heidelberg 1977). – In jedem Falle sollte man auch den Mann zu Worte kommen lassen, der der franziskojosephinischen Epoche den Namen gab: in den »Briefen Kaiser Franz Josephs an Kaiserin Elisabeth 1859–1898« (herausgegeben von Georg Nostitz-Rieneck, 2 Bände, Wien, München 1966) sind, gut beobachtet und durchaus nicht trocken niedergeschrieben, zahlreiche Begebenheiten festgehalten, die das Panorama der Epoche um wesentliche Details bereichern.

Die umfangreichste neuere Kulturgeschichte der Donaumonarchie ist die »Österreichische Kultur- und Geistesgeschichte« von William M. Johnston (deutsche Ausgabe Wien, Köln, Graz 1974); ihr Vorzug ist, auch auf die weniger bekannten Entwicklungen in Böhmen und Ungarn zu verweisen. Johnston ruft auch halb oder ganz vergessene Namen als Politik, Kunst und der Wissenschaft ins Gedächtnis, allerdings wirkt die unreflektiert geistesgeschichtliche Aneinanderreihung von Bild an Bildchen auf die Dauer zufällig. Zudem vermag Johnston seinem enzyklopädischen Anspruch nur dadurch zu genügen, daß er seine Kenntnisse zuweilen aus zweiter oder dritter Hand schöpft. Stichproben lassen erkennen, daß Johnston eine Anzahl der von ihm referierten Autoren – z. B. Richard Beer-Hofmann und Joseph Roth – nie gelesen hat.

Die wirtschaftliche Entwicklung des Zeitalters ist vor allem von Herbert Matis aufgearbeitet worden. Neoabsolutismus (1849–1859), Gründerzeit und Hochliberalismus (1867–1873) hatten die Grundlagen hervorgebracht, auf der die von Selbstgefühl und Untergangsahnungen des Bürgertums getragene Kultur der Jahrhundertwende beruht; die Vertreter des Jugendstils wuchsen in der Zeit der Großen Depression (1873–1896) auf. Matis stellt diese Phasen dar in seinem materialreichen Buch »Österreichs Wirtschaft 1848–1914. Konjunkturelle Dynamik und gesellschaftlicher Wandel im Zeitalter Franz Josephs I« (Berlin 1972).

Eine zum Zweck einer ersten Orientierung hervorragend brauchbare, klar gegliederte Zusammenfassung seiner Forschungen legte Matis in dem Aufsatz »Die Wirtschaft der franzisko-josephinischen Epoche« vor (in: »Wirtschaftsgeschichte Österreichs«. Herausgegeben vom Institut für Österreichkunde, Wien 1971). In demselben Sammelband findet sich ein Aufsatz von Alois Brusatti, »Österreich am Vorabend des industriellen Zeitalters«. Der Verfasser geht den Ursachen für den wirtschaftlichen Rückstand Österreichs im Vergleich mit den westeuropäischen Staaten und dem Deutschen Zollverein nach. – Zum Thema »Arbeiterbewegung und soziale Frage 1848–1916« schließlich sei zusätzlich auf die Arbeit von Rudolf Neck verwiesen (in: »Probleme der franzisko-josephinischen Zeit 1848–1916«, Wien 1967). Neck betont die Bedeutung der Sozialgeschichte, die sich »bewußt in einen Gegensatz zur überlieferten politisch-heroischen Geschichtserfassung« stelle.

Die besondere Hervorhebung der sozialgeschichtlichen Perspektive mag in der Tat nicht überflüssig sein, wenn es um eine Epoche und eine Gesellschaft geht, der die Fassade alles galt. Der Ringstraße, dem Monument eines sich »heroisch« stilisierenden Bürgertums, sind in den letzten Jahren wichtige Arbeiten gewidmet worden. Die Bände »Wirtschaft und Gesellschaft der Wiener Stadterweiterung« (von Franz Baltzarek, Alfred Hoffmann und Hannes Stekl, Wiesbaden 1975) sowie »Geschichte und Kulturleben der Wiener Ringstraße« (von Elisabeth Springer, Wiesbaden 1979) sind Teil des Sammelwerks »Die Wiener Ringstraße. Bild einer Epoche«, herausgegeben von Renate Wagner-Rieger. Während dieses Werk, das es an Monumentalität mit seinem Gegenstand aufnehmen zu wollen scheint, aufgrund der Fülle des verarbeiteten Materials für den Spezialisten unentbehrlich ist, aber (was kein Einwand ist) den Wunsch nach rascher Orientierung kaum entgegenkommt, ist es Carl E. Schorske gelungen, in »The Ringstrasse, Its Critics, and the Birth of Urban Modernism« (in: »Fin-de-siècle Vienna. Politics and Culture«, New York 1981; deutsch Frankfurt am Main 1982) die Darstellung der Fakten und ihre Interpretation miteinander zu verbinden. – Amüsant geschrieben, das Lebensgefühl des liberalen Bürgertums in zuverlässiger Darstellung vergegenwärtigend, ist die dreibändige »Ringstraßensymphonie« von Fred Hennings (Sonderausgabe in einem Band, Wien 1977; mit zahlreichen Abbildungen).

Die Huldigungsschrift von Franz Stauracz »Dr. Karl Lueger. Zehn Jahre Bürgermeister. Im Lichte der Tatsachen und nach dem Urteile seiner Zeitgenossen, zugleich ein Stück Zeitgeschichte« (Wien, Leipzig 1907) ist eine wichtige Quelle zur Beschreibung des aus Ressentiment, Sozialkritik, antisemitischer Agitation und klerikalem Auftrumpfen sich zusammensetzenden Klimas, in dem der Liberalismus als politische Kraft verfiel und die christlichsoziale Partei unaufhaltsam an Boden gewann. – Die Führer der neuen Bewegungen – den Deutschnationalen Georg von Schönerer, den Christlichsozialen Lueger, den Begründer des Zionismus, Theodor Herzl – und die zunehmende Politisierung der Massen stellt (in dem erwähnten Band) Schorske dar: »Politics in a New Key: An Austrian Trio«. Die Entstehung des rassischen (nicht mehr religiös motivierten) Antisemitismus wird von Peter G. J. Pulzer untersucht (»Die Entstehung des politischen Antisemitismus in Deutschland und Österreich 1867 bis 1914«, Gütersloh 1966); für dieselbe Thematik ist die Arbeit von Wolfgang Häusler von Bedeutung, »Toleranz, Emanzipation und Antisemitismus. Das österreichische Judentum des bürgerlichen Zeitalters (1782–1918)« (in: Anna Drabek et al., »Das österreichische Judentum. Voraussetzungen und Geschichte«, Wien, München 1974). Von einem zentralen literarischen Dokument, Schnitzlers »Der Weg ins Freie«, geht, in seiner Studie über die Situation des Judentums um die Jahrhundertwende, Norbert Abels aus (»Sicherheit ist nirgends. Judentum und Aufklärung bei Arthur Schnitzler«, Königstein 1982).

Bevor der Jugendstil als Kunst seine Gestalt gefunden hatte, waren die ihn hervorbringenden Impulse in der Lebensphilosophie formuliert worden. Schopenhauer (»Die Welt als Wille und Vorstellung«, 1819) und Nietzsche (»Die Geburt der Tragödie aus dem Geist der Musik«, 1872) proklamieren den »Willen zum Leben« bzw. den »dionysischen« Rausch als metaphysisches Prinzip, in polemischem Gegensatz zur Philosophie des Deutschen Idealismus, insbesondere Hegels, der die Vernunft zur Grundlage der Geschichte erklärt hatte: nichts sollte dem Begriff unerfaßbar bleiben, die Logik wurde zur Metaphysik (»Wissenschaft der Logik«, 2 Bände, 1812). Es ist wenig sinnvoll, Nietzsches Frühschrift mit der Elle vulgärmarxistischer, durch zeitgemäßes Vokabular aufgeputzter Moral zu messen: »Nietzsches Kampf gegen Euripides ist der erbitterte Feldzug der autonomen Kunst in ihrer ästhetizistischen Variante gegen die operative, massenhafte Aufklärung beabsichtigende und Handlungsperspektiven eröffnende Kunst.« (Gert Sautermeister, »Zur Grundlegung des Ästhetizismus bei Nietzsche. Dialektik, Metaphysik und Politik in der ›Geburt der Tragödie‹«. In: »Naturalismus/Ästhetizismus«, herausgegeben von Christa Bürger, Peter Bürger, Jochen Schulte-Sasse, Frankfurt am Main 1979). Die Lebensphilosophie versucht, eine durch Arbeitsteilung und industrielle Produktionsmethoden bedrohte Lebenstotalität wiederherzustellen. Ernst Mach (»Die Analyse der Empfindungen«, 1888; »Erkenntnis und Irrtum«, 1905, 6. Auflage Darmstadt 1968) geht in seinem Bestreben, den »Monismus« alles Daseienden zu beweisen, so weit, das Ich als einen bloß zufälligen Empfindungskomplex preiszugeben. Es ist charakteristisch für die Resistenzkraft des Liberalismus als Ideologie, über sein politisches Absterben hinaus, daß die Thesen Machs erst um die Jahrhundertwende populär und von den jungen Autoren bewußt rezipiert wurden; selbst Hermann Bahr, der sich darum bemühte, alle künstlerischen Richtungen bereits zu »überwinden«, bevor sie sich durchgesetzt hatten, machte sich erst 1904 die Auffassung vom »unrettbaren Ich« zu eigen (»Dialog vom Tragischen«, in: Bahr, »Zur Überwindung des Naturalismus«, herausgegeben von Gotthart Wunberg. Stuttgart, Berlin, Köln, Mainz 1968). Den Einfluß Machs auf die Zeitgenossen untersucht im einzelnen Manfred Diersch. »Empiriokritizismus und Impressionismus. Über Beziehungen zwischen Philosophie, Ästhetik und Literatur um 1900 in Wien«, Berlin 1973. Der »Darstellung des Bewußtseins in der Literatur« geht Heiner Willenberg nach; er analysiert die Psychologie des Bewußtseins bei Mach, Bergson, Husserl und setzt sie in Beziehung zu Werken von Schnitzler, Rilke, Hofmannsthal und Broch (Frankfurt 1974).

Roy Pascal hat zuerst mit Nachdruck auf die erhellende Wirkung hingewiesen, die von den Schriften Georg Simmels auf die Literaturwissenschaft ausgehen könnte (»Georg Simmels ›Die Großstädte und das Geistesleben‹. Zur Frage der ›Moderne‹«. In: Gestaltungsgeschichte und Gesellschaftsgeschichte. Fritz Martini zum 60. Geburtstag. In Zusammenarbeit mit Käthe Hamburger herausgegeben von Helmut Kreuzer, Stuttgart 1969). In der Tat trifft auf Simmel in besonderem Maße Hegels Wort zu, Philosophie sei ihre Zeit, in Gedanken erfaßt. Zu nennen sind vor allem seine »Soziologie« (1908) und die »Philosophie des Geldes« (1900; darin besonders das Kapitel »Der Stil des Lebens«). Michael Landmann gab 1957 und 1968 zwei Auswahlbände mit Aufsätzen des Philosophen heraus (»Brücke und Tür«, darin die von Pascal untersuchte Abhandlung, sowie die für Simmels Geschichtsverständnis grundlegende Arbeit »Vom Wesen des historischen Verstehens«; »Das individuelle Gesetz«, enthaltend den für das Verständnis des Jugendstils unerläßlichen Essay »Der Begriff und die Tragödie der Kultur« sowie den für das Selbstverständnis des liberalen Judentums wichtige, aus der »Soziologie« übernommenen Exkurs »Der Fremde«). Zwei weitere Aufsatzbände erschienen 1983 (»Philosophische Kultur«, zuerst Potsdam 1923, mit einem etwas flüchtigen Nachwort von Jürgen Habermas; »Schriften zur Soziologie«, herausgegeben und eingeleitet von Heinz-Jürgen Dahme und Otthein Raminstedt). – Ist in Simmels Kulturtheorie der zeitkritische Befund, auf den der Jugendstil mit künstlerischen Mitteln reagiert, begrifflich erfaßt, so prägt in der Essaysammlung des jungen Georg Lukács, »Die Seele und die Formen« (1911) der Jugendstil den Gedanken selbst. Wenn überhaupt, so ist es hier angebracht, von »Jugendstil in der Essayistik« zu reden. Der Essay ist ein spezifisches Medium der Erkenntnis: er bringt stets etwas bereits Geformtes, das aber im Laufe der Zeit erstarrt und verstummt ist, wieder zum Sprechen; wie der Künstler des Jugendstils alle Gegenstände des Lebens, etwa das Interieur eines Hauses zu einem Ganzen verbindet, so leitet der Essayist den Lebensstrom, in der Gestalt des Reflexionsprozesses, durch die voneinander isolierten kulturellen Objektivationen. Eine weitere Analogie zum Jugendstil findet sich in der von Lukács entwickelten Theorie der Tragödie. Deren Dimension sei – im Gegensatz zu den epischen Formen – die »Höhe«; die Tragödie entferne alles, was nicht zum Wesen des Menschen gehöre, so daß in ihr »nackte Seelen« miteinander kommunizieren. Es ist offensichtlich, daß dieser Gedanke orientiert ist an der für den Jugendstil eigentümlichen »Linie«, die durch Abstrahierung von allem empirisch und zufällig Gegebenem, das individuierte Leben wieder in den Lebensstrom einmünden läßt. (Eine eingehende Analyse der Kulturtheorien von Simmel und Lukács bei Hartmut Scheible, »Wahrheit und Subjekt. Ästhetik im bürgerlichen Zeitalter«, Bern, München 1984.)

Eine wichtige Quellensammlung, der von Erich Ruprecht und Dieter Bänsch herausgegebene Band »Literarische Manifeste der Jahrhundertwende« (Stuttgart 1970), ist nicht auf den Ästhetizismus beschränkt, sondern enthält auch Dokumente zu anderen wichtigen Strömungen, wie etwa der katholischen Literaturbewegung und der Heimatkunst. Auf die sich selbst als »modern« bezeichnenden Autoren konzentriert ist die von Gotthart Wunberg zusammengestellte Sammlung »Die literarische Moderne. Dokumente zum Selbstverständnis der Literatur um die Jahrhundertwende« (Frankfurt am Main 1971); sie enthält Aufsätze von Eugen Wolff, der im Jahre 1888 den Begriff der »Moderne« im deutschen Sprachraum zum Durchbruch verhalf, von Samuel Lublinski, der eine »Bilanz der Moderne« (1904) vorlegte, aber auch von fast vergessenen, um die Jahrhundertwende jedoch einflußreichen Autoren wie Cäsar Flaischlen (der die Zeitschrift »Pan« redigierte, in der Rilkes »Weiße Fürstin« zuerst veröffentlicht wurde). 1976 erschien, ebenfalls von Wunberg herausgegeben, in zwei starken Bänden »Das junge Wien. Österreichische Literatur- und Kunstkritik 1887–1902«; anhand dieser Zusammenstellung der in Zeitschriften erschienenen Aufsätze und Rezensionen läßt sich ein umfassendes Bild der unter dem Schlagwort »Junges Wien« nur sehr pauschal zusammengefaßten literarischen Strömungen um die Jahrhundertwende gewinnen. Eine vorzügliche Dokumentation schließlich ist der Katalog zu der (nach der 1968 erschienenen Autobiographie Arthur Schnitzlers benannten) Ausstellung »Jugend in Wien«, veranstaltet vom Deutschen Literaturarchiv im Schiller-Nationalmuseum Marbach am Neckar; die Zusammenstellung besorgten Ludwig Greve und Werner Volke.

Besonders erwähnt werden müssen die Aufsätze des jungen Hofmannsthal zur Literatur und zur bildenden Kunst; kein anderer Autor des Wiener Literaturbetriebs, nicht einmal der professionelle Überwinder Hermann Bahr, hat mit vergleichbarer Sensibilität aufgenommen und in Begriffe gefaßt, was jeweils in der Luft lag. Aus der Fülle der hier anzuführenden Titel seien nur zwei herausgegriffen. Mit zwanzig Jahren, 1894, veröffentlichte Hofmannsthal einen Essay über Franz von Stuck (Prosa I, herausgegeben von Herbert Steiner, Frankfurt am Main 1956), den Maler, der auf die Literaten, besonders auch in Wien, bedeutenden Einfluß ausübte (dazu die aufschlußreiche Studie von J. A. Schmoll gen. Eisenwerth, »Franz von Stuck im Spiegel der zeitgenössischen Literatur« in der bereits genannten Festschrift für Fritz Martini). Neben den Essays über Gabriele d'Annunzio, dessen Schaffen Hofmannsthal aufmerksam verfolgte, ist besonders die Skizze »Age of Innocence« hervorzuheben, die Hofmannsthal, noch als Gymnasiast, unter dem Decknamen »Loris« publizierte. Das ästhetizistische Verhalten ist hier auf wenigen Seiten in seinen wichtigsten Symptomen beschrieben.

An theoretischen Arbeiten über Fin de siècle und Ästhetizismus ist zunächst die klassische Studie von Hermann Broch zu nennen, »Hofmannsthal und seine Zeit« (in: »Dichten und Erkennen«. Essays, Band 1, herausgegeben von Hannah Arendt, Zürich 1955). Als ein Standardwerk über die Epoche kann das Buch von Erwin Koppen gelten, »Dekadenter Wagnerismus. Studien zur europäischen Literatur des fin de siècle« (Berlin, New York 1973). Auch die Arbeit von Ralph-Rainer Wuthenow, »Muse, Maske, Meduse«, Frankfurt am Main 1978, beansprucht, Ästhetizismus und Dekadenz im europäischen Kontext darzustellen. – Eine ausgezeichnete Arbeitshilfe ist das materialreiche, informative, sogfältig gearbeitete Buch von Jens Malte Fischer, »Fin de siècle. Kommentar zu einer Epoche« (München 1978). An eine Darstellung der einschlägigen Motive und Problembereiche (wie »Kulturkritik«, »Erotik und Sexualität«; aufschlußreich auch die Analyse von Verlagsankündigungen und von Spielplänen als Spiegel des Publikumsinteresses) schließen sich Dokumentationen zu einzelnen Autoren an. Sammelwerke über die Epoche sind der von Roger Bauer et al. herausgegebene Band »Fin de siècle. Zu Literatur und Kunst der Jahrhundertwende« (Frankfurt am Main 1977) sowie »Kulturkritik und Jugendkult«, herausgegeben von Walter Rüegg (Frankfurt am Main 1974; darin, auf die Literatur bezogen, der Aufsatz von Wolfdietrich Rasch, »Die Reichweite des Jugendstils«). In dem bereits genannten Band »Naturalismus/Ästhetizismus« ist Lothar Pauls Interpretation von Hofmannsthals Gedicht »Manche freilich« der einzige Beitrag über einen österreichischen Autor. Peter Bürgers Abhandlung »Naturalismus – Ästhetizismus und das Problem der Subjektivität« stützt sich zwar in der Hauptsache auf Belege aus der französischen Literatur (Maurice Barrès), ist jedoch aufgrund ihrer literatursoziologischen Orientierung von grundsätzlichem methodischen Interesse. – Einen kurzen Überblick über Inhalt und Geschichte des Begriffs »Dekadenz« liefert Roger Bauer, »›Décadence‹: histoire d'un mot et d'une idée« (in: Cahiers roumains d'études littéraires, 1978).

Von der zeitgenössischen Literatur über den Jugendstil sind zunächst die Zeitschriften »Die Insel« (Leipzig) und »Pan« (Berlin), »Jugend« (München), »Deutsche Kunst und Dekoration« (Darmstadt) und »Ver Sacrum« (Wien) zu nennen; sie repräsentieren vier Schwerpunkte des Jugendstils im deutschsprachigen Raum. Besondere Aufmerksamkeit verdient das von dem Zoologen und Philosophen Ernst Haeckel in den Jahren

1899–1904 herausgegebene Werk über »Kunstformen der Natur«. Seine Prophezeiung, daß die bildende Kunst und »das moderne, mächtig emporgeblühte Kunstgewerbe« in diesem noch wenig differenzierten Lebensschleim eine »reiche Fülle neuer und schöner Motive« finden werde, sollte sich bewahrheiten. Zeitgenössische Kunstgeschichten, die auf den Jugendstil eingehen, sind Julius Meier-Graefes »Entwicklungsgeschichte der modernen Kunst« (3 Bände, Stuttgart 1904), Friedrich Haack, »Die Kunst des XIX. Jahrhunderts«, Esslingen 1904, [5]1918 (= Band V von Wilhelm Lübkes »Grundriß der Kunstgeschichte«), sowie Richard Hamanns »Deutsche Malerei im 19. Jahrhundert« (Leipzig 1914); hier wird bereits die Linie als das eigentlich stilbildende Element der neuen Kunst hervorgehoben.

In diesem Zusammenhang darf ein Hinweis auf den Wiener Architekten Adolf Loos nicht unterbleiben, gerade weil seine berühmte Gleichsetzung von »Ornament und Verbrechen« (1908) eine Kampfansage an den Jugendstil ist. Für Loos ist die »evolution der kultur« gleichbedeutend mit dem »entfernen des ornaments aus dem gebrauchsgegenstande«. Ornamente sind für ihn, der während eines Aufenthalts in Amerika zum Verfechter einer scharf kalkulierten industriellen Produktionsweise geworden war, Verschwendung von Arbeitszeit, Arbeitskraft und Material. Die eigentlichen Wurzeln seines fanatischen Hasses auf das Ornament liegen allerdings tiefer, in der Erkenntnis des Zusammenhangs von Ornament und Sexualität. Wie bei Rilke, so wird auch bei Loos das Kreuz zum Gegenstand pornographischer Phantasie: »Das erste ornament, das geboren wurde, das kreuz, war erotischen ursprungs. (...) Ein horizontaler strich: das liegende weib. Ein vertikaler strich: der sie durchdringende mann. – Aber der mensch unserer zeit, der aus innerem drange die wände mit erotischen symbolen beschmiert, ist ein verbrecher oder ein degenerierter. Es ist selbstverständlich, daß dieser drang menschen mit solchen degenerationserscheinungen in den anstandsorten am heftigsten überfällt. Man kann die kultur eines landes an dem grade messen, in dem die abortwände beschmiert sind.«

In dem Maße, in dem Bauhaus und Neue Sachlichkeit die von Loos geforderte Abschaffung des Ornaments durchsetzten, verfiel der Jugendstil der Nichtachtung. Wie der Maler Friedrich Ahlers-Hestermann feststellte, war gegen Ende der zwanziger Jahre »der tiefste Punkt des Dunkels erreicht, der die Stilrevolution um die Jahrhundertwende verhüllte«. (»Stilwende. Aufbruch der Jugend um 1900«. Erste Auflage 1941, veränderte Neuausgabe Berlin 1956) Zugleich setzte, wohl aus Überdruß an der Pseudorationalität der Neuen Sachlichkeit, eine erneute intensive Beschäftigung mit dem geschmähten Stil ein. – 1934 erschien der grundlegende Aufsatz »Jugendstil, Begriff und Physiognomik« von Dolf Sternberger. Hier ist sehr treffend von dem »Trieb, alles einzurahmen« die Rede. Sternberger interpretiert die vermeintliche Aufhebung der Vereinzelung durch das Ornament als »Bann«, der es unmöglich gemacht habe, zwischen Individuum und »Sozietät« eine Entscheidung zu treffen. »Der Zauber des Irrationalismus, die Verführung, ja die Suggestion des organischen Ornaments ist so unwiderstehlich gewesen, daß ganze Gruppen – wie etwa der ›Kreis‹ um Stefan George – ihre Kohärenz wesentlich ihm danken und sich selber geradezu als Gewächs verstehen, das seinen Sinn und sein Wesen in sich selber befaßt, ohne auf äußere, menschliche, Bedingungen seiner Existenz angewiesen zu sein und ohne gesetzte Zwecke außerhalb seiner selbst zu erkennen. Wie vordem das Haus oder Heim, so wird hier die Gemeinschaft als dicht umfließende mächtige Umrißlinie und plastische Hülle sichtbar, welche allen Ausblick auf die faktisch umgebende Welt und darum auch jede Möglichkeit verschließt, den eignen geschichtlichen Ort zu erkennen.« Durch das Jahr ihres Erscheinens kam dieser Kritik des Jugendstils doppelte Bedeutung zu. Der Aufsatz, zuerst in der »Neuen Rundschau« (Redaktion: Peter Suhrkamp) publiziert, erschien erneut in dem Band »Über Jugendstil« (Frankfurt am Main 1977), in dem die einschlägigen Arbeiten Sternbergers versammelt sind, einschließlich des Referates »Panorama des Jugendstils«, zuerst veröffentlicht im ersten Band des fünfteiligen Katalogs der großen Jugendstilausstellung in Darmstadt 1976/77. (Dort auch der Aufsatz von Michael Müller über das Ornament, »Von der Ästhetisierung der Geschichte zur Ästhetisierung des Lebens«.)

Breiten Raum nimmt der Jugendstil ein in dem groß angelegten, reich ausgestatteten Werk »Durchbruch zum 20. Jahrhundert. Kunst und Kultur der Jahrhundertwende« (München 1962); Jean Cassou schrieb über Politik, Gesellschaft und geistiges Leben der Zeit, Emile Langui über Malerei und Plastik, Nikolaus Pevsner über Architektur und angewandte Kunst (Pevsner hatte bereits 1936 das Buch »Pioneers of Modern Design from Morris to Gropius« veröffentlicht, das in Deutschland nicht zugänglich war; hier war die letzte größere Publikation vor Ahlers-Hestermann die Untersuchung von Fritz Schmalenbach, »Jugendstil. Ein Beitrag zur Theorie und Geschichte der Flächenkunst«, Würzburg 1935). Gleichfalls im Jahre 1962 erschien Robert Schmutzlers »Art Nouveau – Jugendstil«, das eigentliche Standardwerk zu diesem Thema. Schmutzler vereinigt in vorbildlicher Weise Beschreibung und Analyse, ästhetische Reflexion und historische Darstellung; besonders aufschlußreich sind seine Überlegungen zu Vor- und Frühformen des Jugendstils, die er bis zur Wende des 18. zum 19. Jahrhundert zurückverfolgt. – Zur ersten Orientierung durchaus geeignet ist die Übersicht von Hans H. Hofstätter, »Geschichte der europäischen Jugendstilmalerei. Ein Entwurf«, Köln 1963. Von Heinz Geretsegger und Max Peintner erschien eine Monographie über »Otto Wagner 1841–1918«, den Architekten, der die wichtigsten Jugendstilbauten in Wien (Stadtbahnanlage, Kirche Am Steinhof, Postsparkassenamt) entwarf und den eklektizistischen Historismus, den Stil der Ringstraße, überwand (Salzburg 1964; Taschenbuchausgabe München 1980). – Einen Überblick über die Jugendstilforschung bietet

Jost Hermand mit seinem Forschungsbericht (Referateheft der Deutschen Vierteljahresschrift, 1965), sowie mit seinem in der Reihe »Wege der Forschung« erschienenen Sammelband »Jugendstil« (Darmstadt 1971).

Die Konstellation »Jugendstil in der Literatur« ist erst relativ spät in ihrer methodischen Problematik erkannt worden. »Gemeint ist die deutsche Literatur von den Anfängen Georges und Hofmannsthals bis etwa zum Ende des Zweiten Weltkrieges und darüber hinausreichend bis zum Tode Thomas Manns und Bertolt Brechts. Impressionismus, Expressionismus, Neue Sachlichkeit und ähnliche Begriffe werden diesem Epochenbegriff als stilistisch bedingte Sonderformen untergeordnet.« (Herbert Lehnert, »Satirische Botschaft an den Leser. Das Ende des Jugendstils«; in: Festschrift Martini.) Zwar ist eine solche, das Absurde nicht nur streifende Ausweitung des Begriffs die Ausnahme geblieben, die Regel jedoch war, von Jugendstil in der Literatur dann zu sprechen, wenn Motive oder Gegenstände, die für den Jugendstil in den bildenden Künsten typisch sind, auch in literarischen Texten auftauchen. So schreibt Volker Klotz in seinem Aufsatz »Jugendstil in der Lyrik« (der im übrigen eine Anzahl wichtiger Beobachtungen aufweist): »Im Anfang ist das Ornament. (...) Das Motivrepertoire ist eng umgrenzt, in einzelnen Zügen toposhaft gemünzt (edle Blumen, Schwäne, Wellenlinien, Mädchenhaare: alles Fließende). (...) Jugendstil in der Dichtung (...) bedeutet Abkehr von der Hingabe an die Eindrucksflut der Dinge, die (scil. im Impressionismus) als bloße Reizspender auftraten. (...) Dem Jugendstildichter schließt sich die Welt wieder zusammen, allerdings eine kunstvoll arrangierte, eine Atelierwelt.« (Akzente 4, 1957). Erst Wolfdietrich Rasch geht in seinen grundlegenden Arbeiten zur Kultur der Jahrhundertwende auf die methodischen Probleme ein, die die Unterordnung verschiedener Künste unter einen einheitlichen Begriff aufwirft; sein wichtigster Beitrag zu diesem Thema ist die Abhandlung »Fläche, Welle, Ornament. Zur Deutung der nachimpressionistischen Malerei und des Jugendstils« (mit mehreren Abbildungen; in: Rasch, Zur deutschen Literatur seit der Jahrhundertwende, Stuttgart 1967). Beobachtungen von prinzipieller Bedeutung (insbesondere zum Verhältnis von Impressionismus und Jugendstil) enthält auch die vorzügliche Dissertation von Raschs Schüler Wolfgang Iskra, »Die Darstellung des Sichtbaren in der deutschen Prosa um 1900« (Münster 1967). Während Dominik Jost in seinem nützlichen, übersichtlich gestalteten Einführungsband »Literarischer Jugendstil« (Stuttgart 1969) methodischen Problemen eher aus dem Weg geht, ist Edelgart Hajek (»Literarischer Jugendstil. Vergleichende Studien zur Dichtung und Malerei um 1900«, Düsseldorf 1971) sich der methodischen Problematik ihres Themas, hinter der die prinzipielle Frage nach dem Verhältnis der »Künste« zu »der« Kunst steht, durchaus bewußt. Im Jahr der großen Jugendstilausstellung in Darmstadt veranstaltete die Deutsche Akademie für Sprache und Dichtung eine

Diskussion »Der Jugendstil in der Literatur«; an das Referat von Rainer Gruenter schlossen sich Beiträge von Hilde Spiel und Carl Linfert an; Hans Hennecke wandte sich mit Nachdruck dagegen, überhaupt von Jugendstil in der Literatur zu reden (»ein Kautschuk-Begriff«). Publiziert wurden die Beiträge im Jahrbuch 1976 (Heidelberg 1977) der Akademie.

Zur Situation in Wien ist festzuhalten, daß Beziehungen zwischen »einheimischer« Literatur und bildender Kunst des Jugendstils im Sinne von Analogien, die über Stilzüge allgemeinster Art hinausgingen, kaum feststellbar sind. Hermann Bahr hat der »Sezession« zwar ein Buch gewidmet (Wien 1900), aber schon zwei Jahre zuvor, im ersten Jahrgang von »Ver Sacrum«, hatte er darauf hingewiesen, daß die Autoren von »Jung Wien« sich eher an dem belgischen Maler Fernand Khnopff orientierten; hierzu dürfte beigetragen haben, daß dieser sich häufig von dem in Wien besonders bewunderten Maurice Maeterlinck inspirieren ließ. »An Maeterlinck, an unseren Hofmannsthal müssen wir bei seinen stillen Gestalten denken« (Bahr). Khnopff hatte eine ausgeprägte Vorliebe für überschlanke, narzißtisch auf sich selbst bezogene Frauengestalten; ein Bild trägt den Titel »I lock my door upon myself«.

Der österreichischen Literatur um die Jahrhundertwende ist das Kapitel »Jung-Österreich und Jung-Wien« in der »Deutsch-Österreichischen Literaturgeschichte« von Nagl-Zeidler-Castle (Wien 1935–37) gewidmet. Ein auf knappem Raum ausgezeichnet informierendes Nachwort hat Hansjörg Graf dem von ihm besorgten Band »Der kleine Salon«, einer Sammlung von Szenen und Prosa des Wiener Fin de siècle, mitgegeben; die von ihm zusammengestellten, qualitativ sehr unterschiedlichen Arbeiten von Schnitzler, Ludwig Wolff, Beer-Hofmann, Felix Salten, Hermann Bahr, Peter Altenberg, Hofmannsthal, Franz Blei, Richard von Schaukal, Theodor Herzl, Ludwig Hevesi, Raoul Auernheimer und Clara Loeb ergeben ein recht umfassendes Bild des Literaturbetriebs der Jahrhundertwende. Hervorzuheben ist die teils essayistische, teils feuilletonistische Skizze »Ein moderner Nachmittag« von Ludwig Hevesi, die Beschreibung eines von Joseph Hoffmann gestalteten Salons im Hause Wärndorfer, eines Interieurs, in dem keines der gerade in Mode gekommenen Requisiten fehlt. Hevesi trifft die Atmosphäre des etablierten, zum Statussymbol gewordenen Jugendstils, in dem »das Neue anheimelnd« geworden, die schmächtigen und blassen Figuren Khnopffs abgelöst sind durch den »Juwelenstil« Gustav Klimts. – Mehrere Wiener Autoren sind auch in dem von Ulrich Karthaus herausgegebenen Band »Impressionismus, Symbolismus und Jugendstil« (Ditzingen [2]1981) enthalten (= »Die deutsche Literatur. Ein Abriß in Text und Darstellung«, Band 13). Über Jugendstil und Literatur in Wien äußert sich, auf nur wenigen Seiten, Hilde Spiel (»Die Dichter des Wiener Jugendstils«; in: Spiel, »In meinem Garten schlendernd. Essays«, München 1981; Taschenbuchausgabe Frankfurt am

Main 1984. Der Text ist identisch mit dem Darmstädter Diskussionsbeitrag.)

Abschließend einige Studien zu einzelnen in diesem Bande genannten Autoren. Die wichtigsten zeitgenössischen Äußerungen zu Andrians »Garten der Erkenntnis« sind der Neuausgabe beigefügt, die Walter H. Perl (der auch den Briefwechsel mit Hofmannsthal herausgegeben hat, Frankfurt am Main 1968) im Jahre 1970 besorgt hat. Wenig ergiebig sind die Aufsätze von Gerhart Baumann, »Leopold Andrian: Das Fest der Jugend« (in: Baumann, »Vereinigungen. Versuche zu neuerer Dichtung«, München 1972) und von Gottfried Stix, »Leopold von Andrian e la crisi di fine secolo« (in: »Arthur Schnitzler e il suo tempo«, a cura di Giuseppe Farese, o.O. 1983). Eine soziologische und psychoanalytisch orientierte Arbeit über Andrians einzige Prosadichtung stammt von Ursula Renner (»Leopold Andrians ›Garten der Erkenntnis‹: Literarisches Paradigma einer Identitätskrise in Wien um 1900«, Frankfurt am Main, Bern 1981). – Jens Rieckmann versucht nachzuweisen, daß die Gestalt des »Fremden« unmittelbar durch Nietzsches Lehre vom Dionysischen beeinflußt ist, eine These, die nicht ohne einige Gewaltsamkeit ausgeführt wird (»Narziss und Dionysos: Leopold von Andrians ›Der Garten der Erkenntnis‹«, in: Modern Austrian Literature 16, 1983, no 2).

Hofmannsthals Drama »Der Kaiser und die Hexe« (1897) erschien, mit Zeichnungen von Heinrich Vogeler, im Jahre 1900 im Insel Verlag; von dieser bibliophilen Ausgabe gibt es, mit einem Nachwort von Rudolf Hirsch, einen gegenüber dem Original leicht verkleinerten Nachdruck (als Band 996 der Insel Bücherei, Frankfurt am Main [3]1978). Zum Problem des Ästheten und des Ästhetizismus ist von Bedeutung, daß die Forschung in den letzten Jahren weitgehend davon abgekommen ist, sich in fragwürdigen moralischen Redewendungen zu ergehen; so war Richard Alewyn nicht vor der Formulierung zurückgeschreckt, der »Tor« Claudio werde »gleichsam in effigie hingerichtet. (...) Weil er zu dem unseligen Geschlechte der Lauen gehört, die der Herr ausspeit aus seinem Munde.« (»Der Tod des Ästheten«, in: Alewyn, »Über Hugo von Hofmannsthal«, Göttingen [2]1958). Zu Recht hat dagegen Wolfdietrich Rasch den von Alewyn nur nebenbei erwähnten, mit der Logik seiner Interpretation eigentlich nicht zu vereinbarenden Aspekt hervorgehoben, daß es sich bei dem von Hofmannsthal geschilderten Zustand eigentlich um ein Krankheitsbild handelt (»Claudio. Zur Darstellung der Lebensferne in der Dichtung um 1900«. In: Jahrbuch der deutschen Schillergesellschaft 22, 1978). Auch Wolfram Mauser betont in seiner Analyse die sozialpsychologisch bedeutsamen Züge von Hofmannsthals Werk. (»Hugo von Hofmannsthal. Konfliktbewältigung und Werkstruktur. Eine psychosoziologische Interpretation«, München 1977.) Die Bedeutung der Märchen von Tausendundeiner Nacht für die Literatur der Jahrhundertwende (insbesondere für Hofmannsthal) stellt Wolfgang Köhler dar; seine Arbeit enthält eine unter diesem Aspekt aufschlußreiche Interpretation des »Märchens der 672. Nacht«. (»Hugo von Hofmannsthal und ›Tausendundeine Nacht‹. Untersuchungen zur Rezeption des Orients im epischen und essayistischen Werk. Mit einem einleitenden Überblick über den Einfluß von ›Tausendundeine Nacht‹ auf die deutsche Literatur«. Frankfurt am Main, Bern 1972.)

Der Gegensatz zwischen Schnitzler und Hofmannsthal macht sich nicht nur in unterschiedlichen literarischen Techniken bemerkbar, sondern in nahezu allen Lebensäußerungen der beiden Dichter. Die in dieser Hinsicht höchst bedeutsamen Äußerungen Schnitzlers über Hofmannsthal in seinen erst teilweise publizierten Tagebüchern wurden gesondert herausgegeben (Arthur Schnitzler, »Hugo von Hofmannsthal. Charakteristik aus den Tagebüchern«. Mitgeteilt und kommentiert von Bernd Urban in Verbindung mit Werner Volke. Hofmannsthals Forschungen, herausgegeben von Norbert Altenhofer und Wolfram Mauser, Band III, Freiburg i. Br. 1975). Vergleichende Studien zu den beiden Dichtern haben veröffentlicht Schorske, »Politics and the Psyche: Schnitzler and Hofmannsthal« (in: »Fin-de-siècle Vienna«) und Friedbert Aspetsberger, »Wiener Dichtung der Jahrhundertwende. Beobachtungen zu Schnitzlers und Hofmannsthals Kunstformen« (in: studi germanici, nuova serie, 8, 1970). – Im Kontext »fin de siècle« wird Schnitzler interpretiert von Paolo Chiarini, »L'*Anatol* di Arthur Schnitzler e la cultura viennese ›fin de siècle‹« (in: studi germanici, nuova serie, 1, 1963), sowie von Rolf-Peter Janz und Klaus Laermann (»Arthur Schnitzler. Zur Diagnose des Wiener Bürgertums im Fin de siècle«, Stuttgart 1977). Psychoanalytisch orientierte Überlegungen zum »Zusammenhang von psychischer Struktur und soziokulturellem Wandel« stellt Waltraud Gölter an unter dem Titel »Weg ins Freie oder Flucht in die Finsternis. Ambivalenz bei Arthur Schnitzler« (in: Scheible, Hrsg., »Arthur Schnitzler in neuer Sicht«, München 1981). Ein facettenreiches Bild sehr verschiedenartiger Ansätze und Perspektiven bietet der von Giuseppe Farese herausgegebene Sammelband »Arthur Schnitzler e il suo tempo«, o.O. 1983 (von grundsätzlicher Bedeutung der Beitrag des Herausgebers, »Tramonto dell'Io e coscienza della fine in Arthur Schnitzler«). Interpretationen des »Reigen« als Totentanz bei Heinz Politzer (»Diagnose und Dichtung. Zum Werk Arthur Schnitzlers«, in: Politzer, »Das Schweigen der Sirenen«, Stuttgart 1968) und bei Helga Schiffer (in: Text und Kontext 11/1, Kopenhagen, München 1983); gegen die Überbetonung der »naturhaften« Züge wendet sich Hartmut Scheible (in: »Arthur Schnitzler«, Reinbek 1976, ^{4}1983).

Im Jahre 1963 erschienen die von Otto Kallir herausgegebenen »Gesammelten Werke« von Richard Beer-Hofmann, mit Ausnahme der vom Autor aus weltanschaulichen Gründen verworfenen frühen Novellen (»Das Kind«, »Camelias«, Berlin 1893). Diese Ausgabe ist inzwischen vergriffen, so daß von Beer-Hofmann zur Zeit nur die Reclam-

Ausgabe von »Der Tod Georgs« (Stuttgart 1980) erhältlich ist. Der Briefwechsel mit Hofmannsthal erschien 1972, herausgegeben von Eugene Weber, der auch den Briefwechsel mit Schnitzler auszugsweise edierte und kommentierte (in: Modern Austrian Literature, 6, 1973, no 3/4). – Die Forschungsliteratur über Richard Beer-Hofmann ist nicht umfangreich. Zu nennen wären der Essay von Georg Lukács (in: »Die Seele und die Formen«), der Artikel von Oskar Baum (in: »Juden in der deutschen Literatur«, Berlin 1922), der Nachruf von Erich Kahler (in: Neue Rundschau, 1946), ein Aufsatz von Werner Kraft (in: »Wort und Gedanke«, Bern, München 1959), sowie die an wichtigen Hinweisen außerordentlich reichen, von Werner Vordtriede in der Neuen Rundschau, 1952, veröffentlichten »Gespräche mit Beer-Hofmann«. Im Jahre 1946 veröffentlichte Otto Oberholzer ein Buch »Richard Beer-Hofmann. Werk und Weltbild des Dichters« (Bern 1946), das sich vor allem durch einen verblüffend unbefangenen, völlig naiven Gebrauch von schwer kompromittierten Vokabeln aus dem Umkreis des »Dekadenz«-Begriffs auszeichnet. Ausschließlich mit der »Historie von König David« beschäftigt sich die Studie von Hans-Gerhard Neumann, »Richard Beer-Hofmann«, München 1972. Speziell mit dem »Tod Georgs« setzen sich Jens Malte Fischer auseinander (in: Sprachkunst 2, 1971; teilweise übernommen in den Kommentarband »Fin de siècle«), Jürgen Vierimg, der die Literatur des Jugendstils und der Empfindsamkeit zueinander in Beziehung setzt: hier wie dort falle die »Tendenz« auf, »Leben in einer besonderen Pose festzuhalten« (»Jugendstil und Empfindsamkeit. Zu Richard Beer-Hofmanns *Der Tod Georgs*«, in: Euphorion 71, 1977); sowie Gabriella Bianconi, »Elemente des Jugendstils in der Erzählung Richard Beer-Hofmanns ›Der Tod Georgs‹« (in: Akten des VI. Internationalen Germanistenkongresses, Basel 1980). Wichtige Beobachtungen finden sich auch in den genannten Studien von Iskra und Hajek.